執　権

北条氏と鎌倉幕府

細川重男

講談社学術文庫

はじめに——素朴な疑問

［執権］
鎌倉北条氏が独占・世襲した鎌倉幕府の役職。幕府の主人である将軍（征夷大将軍）の後見役、政務代官とされ、幕府の政務を総覧した。鎌倉時代中期以降、二人制となり、次席の執権は連署と呼ばれた。

「北条氏《ほうじようし》は、なぜ将軍にならなかったのか？」

これは、しばしば問われる質問である。

戦国大名小田原北条氏（後《ご》北条氏）と区別して、鎌倉北条氏・執権北条氏などと呼ばれる源《みなもとの》頼朝《よりとも》の妻政子の実家北条氏は、源氏三代将軍家の滅亡後、鎌倉幕府の実権を奪い、主人である将軍（征夷大将軍）をも思いのままにスゲ替える支配者になりながら、ついに鎌倉幕府滅亡（以下、鎌倉滅亡とす）のその日まで自ら将軍となることはなかった。これは、いったいなぜなのか。なりたくてもなれない理由でもあったのだろうか……ということである。

この疑問に対するよくある回答は、鎌倉時代の武家社会と王朝（朝廷）身分秩序における北条氏の「家柄の低さ」にその原因を求める。つまり、「なれなかった」とするのであり、これには当然、「なれるものなら、なりたかったはずである」という前提が存在する。この見解は、本来は御家人の一人に過ぎないはずの北条氏、特にその家督《かとく》（惣領《そうりよう》、家長《かちよう》、当主《とうしゅ》）である得宗《とくそう》の鎌倉幕府支配を正統性を欠いた「不法極悪」のものとする負の評価へと通じている。

だが、私は、このような見解には賛成しかねる。

そもそも、なにも北条氏に限らず、政治権力というものは自己の支配の正統性を主張するものであり、その主張を支持する勢力が存在し、支配される側が権力の論理をともかくも受け入れてこそ、政治権力は支配を維持・継続できるのである。

しかも、鎌倉幕府において北条氏が権力の座にあった期間は非常に長い。

現在の日本中世史学界では、鎌倉幕府の政治体制を源頼朝治世期を典型とする「将軍独裁」、北条泰時《やすとき》治世期を典型とする「執権政治」、権力が執権という幕府の役職から北条氏の家督である得宗個人の手に移った「得宗専制」の三段階に分けている。三番目の得宗専制がいつ始まるかについては学説が乱立しているので困るのであるが、一般に一番よく知られた説を採り、鎌倉幕府史上最大の内戦である弘安《こうあん》八年（一二八五）霜月騒動《しもつきそうどう》から数えても、元《げん》弘《こう》三年（一三三三）五月二十二日の幕府滅亡までは、四十八年。北条時宗《ときむね》が権力を確立した文永《ぶんえい》九年（一二七二）二月騒動から数えれば、六十一年。

さらに、執権政治の段階ですでに北条氏は幕府の執政者の地位にあったから、そこから数えれば、もっと長くなってしまう。将軍独裁と執権政治の境界にも学説がたくさんあって頭が痛くなるのだが、北条泰時が執権に就任した元仁《げんにん》元年（一二二四）を起点にすると、百九年。政所別当《まんどころべっとう》だった北条義時《よしとき》が政敵の侍所別当《さむらいどころべっとう》和田義盛《よしもり》を倒して政所別当を兼ねて執権職が成立する契機となった建保《けんぽう》元年（一二一三）和田合戦からなら、百二十年。北条時政《ときまさ》が政所別当に就任した建仁《けんにん》三年（一二〇三）比企《ひき》の乱から数えたなら、実に百三十年。

鎌倉幕府の成立にも、困ったことにこれまた多くの学説があるが、もっとも早い源頼朝が鎌倉に入った治承《じしょう》四年（一一八〇）から数えても、鎌倉滅亡は元弘三年なのだから、鎌倉幕府は百五十三年しか続かなかったのである。四十八年でも、百三十年でも、私は一向にかまわないが、何の正統性もない極悪の政権・悪の一族がこれほどの長期間支配を存続することが可能なのであろうか。そんなことはないだろう。

だとすれば、北条氏にも、その支配の正統性を支える論理が存在したのではないか。将軍の下で北条氏が権力を握っているという、今日の我々からすれば、いかにもわかりにくい鎌倉幕府の政治体制が、そのまま正当化される論理を北条氏は持っていたのではなかろうか。そして持っていたのであれば、それはいかなる論理であったのか。

本書では、これまでほとんど検討されてこなかった「北条氏の鎌倉幕府支配を支えた論理」について考えることを最大の課題とする。つまり、冒頭に記した素朴な疑問「北条氏は、なぜ将軍にならなかったのか？」に答を見つけようと思うのである。

とは言え、この課題に辿り着くためには、片づけなければならないさらなる素朴な疑問がいくつか横たわっている。

①鎌倉北条氏は、そもそもどのような家であったのか。
②「得宗」とは、いったいどういう意味なのか。
③これは事実自体がほとんど知られていないが、鎌倉将軍には実は四人目の源氏将軍が存在した。第七代将軍 源 惟康《みなもとのこれやす》がその人である。惟康は六代将軍宗尊親王《むねたかしんのう》の王子で、一般には「惟康親王」で通っているが、北条時宗治世期からその息子貞時《さだとき》執権期の初頭まで十六年十ヵ月間、源氏を名乗っていたのである。鎌倉幕府が空前の強敵蒙古帝国と対峙《たいじ》したこの時期、なぜ鎌倉幕府は源氏の将軍を戴いていたのであろうか。

では、これらの問題を追究するためには、どのような方法が有効なのであろうか。
まず、鎌倉幕府の通史や北条氏歴代の伝記を書くつもりはない。なぜならば、この本は北条氏という「一族の物語」ではなく、「一族の物語」の底を流れる「基調低音」を書くことが目的だと思うからである。表面的に幕府や北条氏の歴史をなぞっても、我々が求める答には辿り着けないはずである。

そこで私は鎌倉北条氏歴代のなかからキー・マンとして二人の「執権」を選んだ。承久《じょうきゅう》の乱で仲 恭《ちゅうきょう》天皇を廃位し後鳥羽《ごとば》・土御門《つちみかど》・順徳《じゅんとく》の三上皇を配流《はいる》（流刑《るけい》）した「究極の朝敵」第二代執権北条義時と、蒙古帝国の侵略を撃退した「救国の英雄」第八代執権、北条時宗である。

世間一般の評価に極端な隔《へだ》たりのあるこの高祖父《こうそふ》（ひいひいおじいさん）と玄孫《げんそん》（ひいひいまご）の人生に注目することにより、答に迫りたいと考える。

この試みが成功し、見事、解答に至れるかどうかは、わからない。「とりあえず付き合ってやるか？」と思った読者と共に旅に出るとしよう。

と、ここで本論に入れば、カッコいい引きだと思うのだが、そうもゆかない。
その理由は、どうも現在一般に広まっている鎌倉武士（鎌倉時代の武士）のイメージが、その実態とかなりかけ離れているらしいからである。そこで、少し鎌倉武士の実像について記しておこうと思う。

武士というと、現代日本人の多くがストイックで寡黙で勇敢な「日本男子の理想像」という印象を持っているようである。特に鎌倉武士には爽やかなイメージがあるようである。
では、その実像は？　具体的な話をした方がわかりやすいので、次のエピソードを紹介しよう。

源頼朝の鎌倉入りから六十一年後の仁治《にんじ》二年（一二四一）。将軍は四代藤原頼経《よりつね》（当時二十四歳。数え年。生まれた瞬間に一歳、年が明けると二歳という昔の年齢の数え方。以下、年齢はすべて数え年）。執権北条泰時（義時の子。五十九歳）治世の末期。鎌倉時代も中期である。この頃になると、鎌倉の町も「都市」と言ってよい繁栄をしていた。

この年の十一月二十九日未の刻（午後二時頃）。
鎌倉のメイン・ストリート若宮大路の下下馬橋《しものげばばし》付近というから、一の鳥居の少し北である。当時、この辺りは繁華街だったらしく、「好色家《こうしょくのいえ》」が複数建っていた。ずいぶんと露骨な言い方であるが、女性店員がサービスをして酒食を供するキャバクラのようなお店だったらしい。この一軒で、昼間から泰村・光村・家村兄弟をはじめとする三浦一族が「酒宴乱舞会《しゅえんらんぶのかい》」、つまりドンチャン騒ぎをしていた。一方、向かいの店では、小山長村《おやまながむら》・長沼時宗《ながぬまときむね》・結城朝広《ゆうきともひろ》

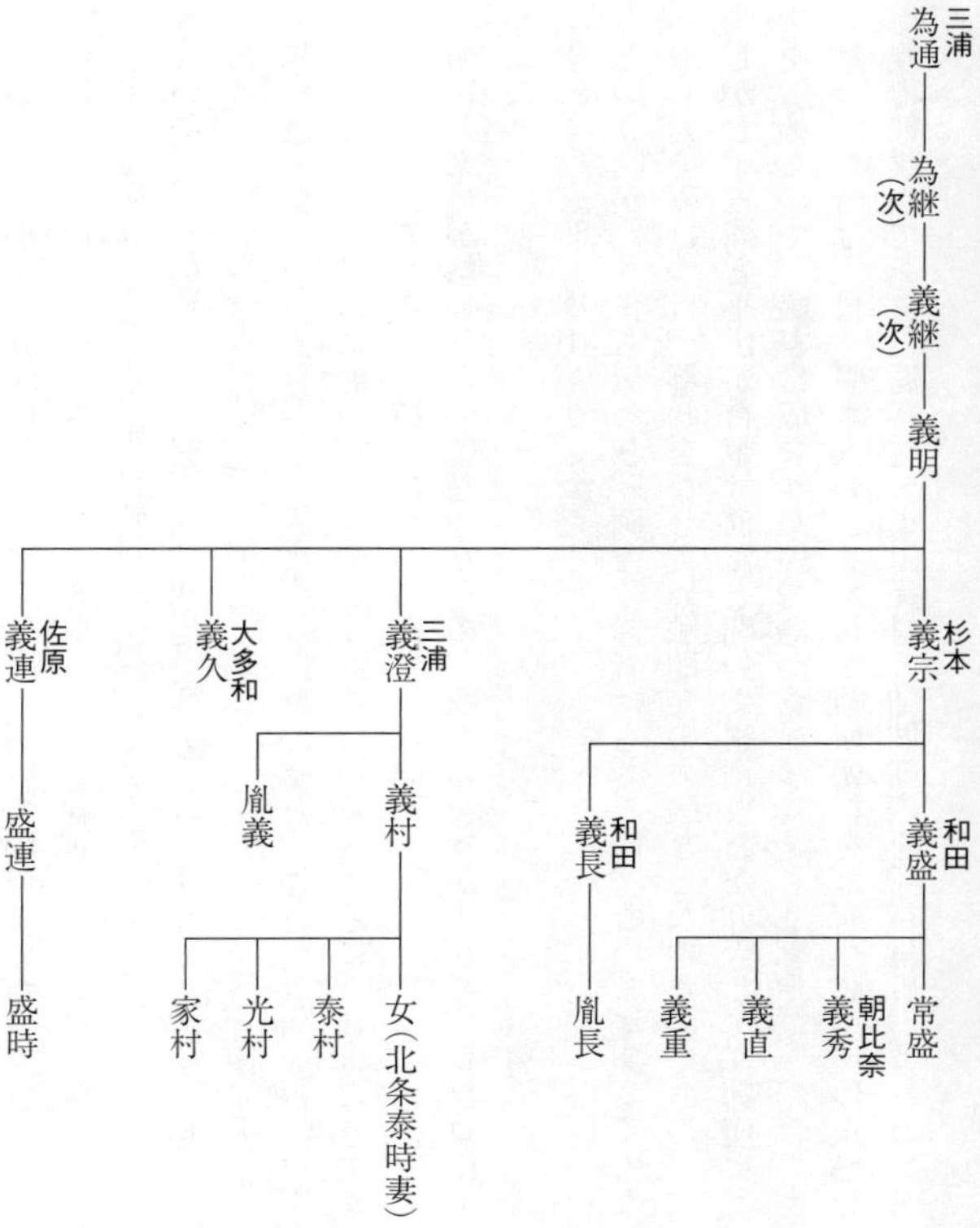
三浦為通
為継（次）
義継（次）
義明
杉本義宗
和田義盛
常盛
朝比奈義秀
義直
義重
和田義長
胤長
三浦義澄
義村
女（北条泰時妻）
泰村
光村
家村
胤義
大多和義久
佐原義連
盛連
盛時

三浦系図

を中心とする小山一族が同じようにコンパを開いて騒いでいた。すると、朝広の弟結城朝村《ともむら》が由比《ゆい》ケ浜の海岸で遠笠懸《とおかさがけ》（矢で的を射る弓矢の練習。ゲームの意味もある）をやると言いだして、座を立った。店を出た朝村は、道端で犬を射ようと矢を放った。ところが、酔っていたせいか、手元が狂い、この矢は三浦がコンパをしている向かいの店に飛び込んでしまったのである。新宿歌舞伎町の往来で、酔って拳銃をバン！　バン！　乱射したようなものである。

朝村は「雑色男《ぞうしきおのこ》」（召使）に矢を取りに行かせた。これに三浦家村が怒って、「矢は返さん！」と言い、さらに悪口雑言《あっこうぞうごん》。楽しく飲んでいるところに、いきなり矢を射込まれたのであるから、まあ、その気持ちはわからんでもない。

朝村と家村が怒鳴り合いになったため、双方の一族が店からゾロゾロ出て来て、にらみ合いになった。

「すわ！　三浦と小山がケンカだ！」

という話がたちまち伝わり、両方の縁者はもちろん、たいして親しくもない連中までが押《お》っ取《と》り刀《がたな》で駆けつけ、群れをなして一触即発の大騒ぎとなったのである。

しかし、三浦と小山が合戦寸前だと聞いた執権泰時が仰天して、即座に使者を派遣し両陣営を宥《なだ》めたので、騒ぎは収まったのであった。

怒った泰時は翌日、張本人の三浦家村と結城朝村を幕府への出仕停止処分とし、さらに両一族の棟梁格である三浦泰村・小山長村・結城朝広を呼び付け、コンコンとお説教したのであった。

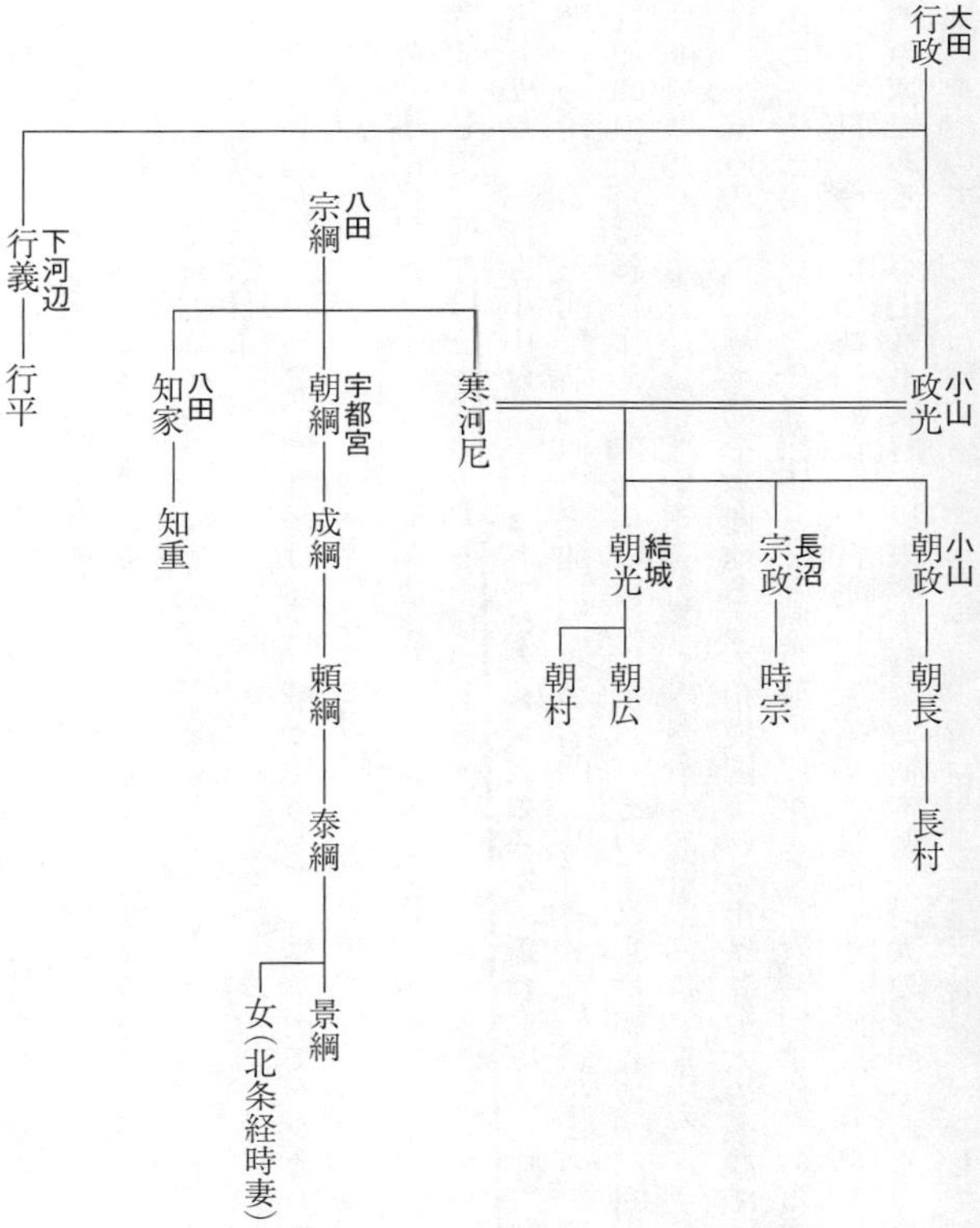
大田 行政
下河辺 行義
行平
八田 宗綱
八田 知家
知重
宇都宮 朝綱
成綱
頼綱
泰綱
景綱
女（北条経時妻）
寒河尼
小山 政光
結城 朝光
朝広
朝村
長沼 宗政
時宗
小山 朝政
朝長
長村

小山・宇都宮系図

泰時は偉そうに説教をたれているが、北条氏も人のことは言えたものではない。泰時の嫡《ちゃく》孫《そん》（後継ぎの孫）経時《つねとき》は当時十八歳だったが、ケンカと聞いて、すぐさま家臣に武器を持たせて、三浦方に加勢に行かせている。経時の祖母（つまり泰時の妻）が三浦兄弟の姉だったからである。泰時は苦り切って、この孫にも説諭をしている（以上、『吾妻鏡《あずまかがみ》』仁治二年十一月二十九・三十日条）。

真っ昼間からコンパをやった挙げ句に、酔っぱらって、繁華街でケンカして、合戦寸前になる三浦と小山。「ヤンキー高校生か?!」と思いきや、三浦泰村は三十八歳、弟光村は三十七歳、小山長村は二十五歳、結城朝広に至っては五十二歳。長村は二十代であるから、まあ許すとして、残りは三十代後半と五十代である。

しかも、三浦と小山は、チンピラではない。どころか、鎌倉御家人の中では、名門中の名門なのである。三浦は清和《せいわ》源氏《げんじ》と並ぶ武家の名門として有名な桓武《かんむ》平氏《へいし》の一流で、始祖為通は頼朝の先祖頼義《よりよし》に仕えて前九年の役に従軍し、その子為次《ためつぐ》は頼義の子八幡太郎義家《よしいえ》に従って後三年の役に参戦したという「源家《げんけ》累代《るいだい》の家人《けにん》」（源氏に代々仕えてきた家臣）であって、平安時代から三浦半島を本拠地とする相模国《さがみのくに》（神奈川県）最大の豪族である。一方、小山の先祖は平将門《たいらのまさかど》の乱を鎮圧した藤原秀郷《ひでさと》である。この秀郷の子孫である通称「秀郷流藤原氏」は、今日《こんにち》では清和源氏・桓武平氏ほど著名ではないが、両氏と共に、やはり武家の名門の家である。小山は平安時代以来の下野国《しもつけのくに》（栃木県）最大の豪族であり、秀郷以来連綿と下野を治めてきたと自称する（『吾妻鏡』承元三年十二月十五日条）。そして鎌倉幕府にあっては、頼朝の時代以来、三浦と小山は下総国《しもうさのくに》（千葉県北部）最大の豪族である千葉氏と共に三大豪族の地位にあった。

　であるから、三浦泰村は若狭守《わかさのかみ》、光村は能登守《のとのかみ》、家村は式部大夫《しきぶたいう》、小山長村は左衛門尉《さえもんのじょう》、結城朝広は大蔵権少輔《おおくらごんのしょうゆう》、長沼時宗は左衛門尉と、おのおの当時の武士としては立派な官職《かんしょく》（律令《りつりょう》官職。王朝の役職）を与えられていたのである。

　さらに、三浦泰村は当時現役の評定衆《ひょうじょうしゅう》であり、光村も三年後には評定衆に就任する。評定衆とは、この頃の幕府最高幹部の役職、現代で言えば国務大臣の地位である（ちなみに、三浦に家臣を加勢に行かせた北条経時は、まだ十八歳であったが、この年六月に評定衆に就任しており、翌年、祖父泰時の跡を継いで執権に就任する）。

　その三浦と小山ですら、実態はこの始末なのである。

　鎌倉武士・鎌倉御家人とは、こんな連中なのであり、こんなヤツらが鎌倉幕府を作っていたのである。平安・鎌倉時代の武士たちは、自分たちを「勇士（勇者。勇敢な男）」と称し、他者からも、そう呼ばれていたが、その「武勇」とは、こういうことなのである。ようするに野蛮人なのだ。王朝貴族は東国武士を蔑《さげす》んで「東夷《あずまえびす》」（東に住む野蛮人）と呼んだが、まったくそのとおりである。

　王朝は奈良時代以来、全国を覆う律令制の支配機構を持ち、その支配機構の歴史は鎌倉幕府が成立した十二世紀末には、ほとんど五百年に及ばんとしていた。この間、王朝貴族は外交を含めた政権運営のデータとノウ・ハウを積み重ねていた。しかし、紛争解決の方法として相手を殺すことを即座に選ぶ武士たちが作った鎌倉幕府は、まさに蛮族の政権であり、王朝のような知識の蓄積は、ほとんどなかった。鎌倉武士たちは、支配機構を手探りで作っていったのである。

鎌倉幕府の歴史は、東夷たちの悪戦苦闘の歴史であり、それはすなわちムダな流血の連続であった。この歴史の奔流の中で、北条氏はいかに戦い、生き、何を築いたのか？　二人の主人公、北条義時と時宗を通じて見てゆこう。

以下、第一章では、鎌倉幕府成立以前、まだ伊豆の一武士団であった頃の北条氏について考察する。第二章では、北条義時の人生とそれが与えた後世への影響について考える。第三章では、北条時宗が権力を確立した文永九年（一二七二）の鎌倉幕府の内戦である二月騒動の再検討を通じて、時宗とその政権について考察する。第四章では、鎌倉七代将軍惟康親王が長期にわたり源氏を称したことの意味を検討することにより、北条時宗政権の鎌倉幕府史における位置づけをおこなう。第五章では、時宗没後の鎌倉幕府について概観する。そして、「おわりに」において、「北条氏は、なぜ将軍にならなかったのか？」という本書の課題について言及する。なお、北条氏、源氏将軍・摂家将軍、天皇家・親王将軍の系図は、目次の次に掲げ、他氏の系図は適時本文に掲げた。また女性名の読みは訓読みで世に知られている人以外は、音読みで表記した。

では、やっと、はじまり、はじまり。

目次

関連系図

執権

- 時政
  - 宗時
  - 義時
    - 泰時（得宗）
      - 時氏
        - 経時
        - 時頼
          - 時輔
          - 時宗
            - 貞時
              - 高時
              - 女（北条師時妻）
          - 宗政
            - 師時
              - 貞規
              - 時茂
            - 女（北条貞時妻）
          - 宗頼
            - 兼時
            - 宗方
        - 時定（阿蘇）
        - 女（檜皮姫、藤原頼嗣室）
      - 時実
    - 朝時（名越）
      - 光時
      - 時幸
      - 時章
        - 公時
          - 時家
            - 高家
      - 教時
        - 宗教
        - 宗氏
      - 時基
        - 朝貞
    - 重時（極楽寺）
      - 長時（赤橋）
        - 義宗
          - 久時
            - 守時
            - 英時
            - 登子（足利尊氏妻。義詮・基氏母）
      - 時茂（常葉）
        - 時範
          - 範貞
      - 義政（塩田）
        - 時春
        - 国時
          - 藤時
          - 俊時
      - 業時（普恩寺）
        - 時兼
          - 基時
            - 仲時
      - 忠時
      - 女（北条時頼妻。時宗・宗政母）

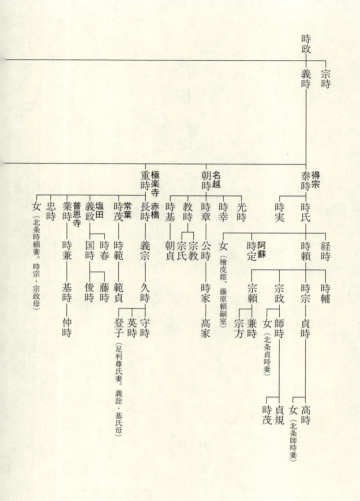

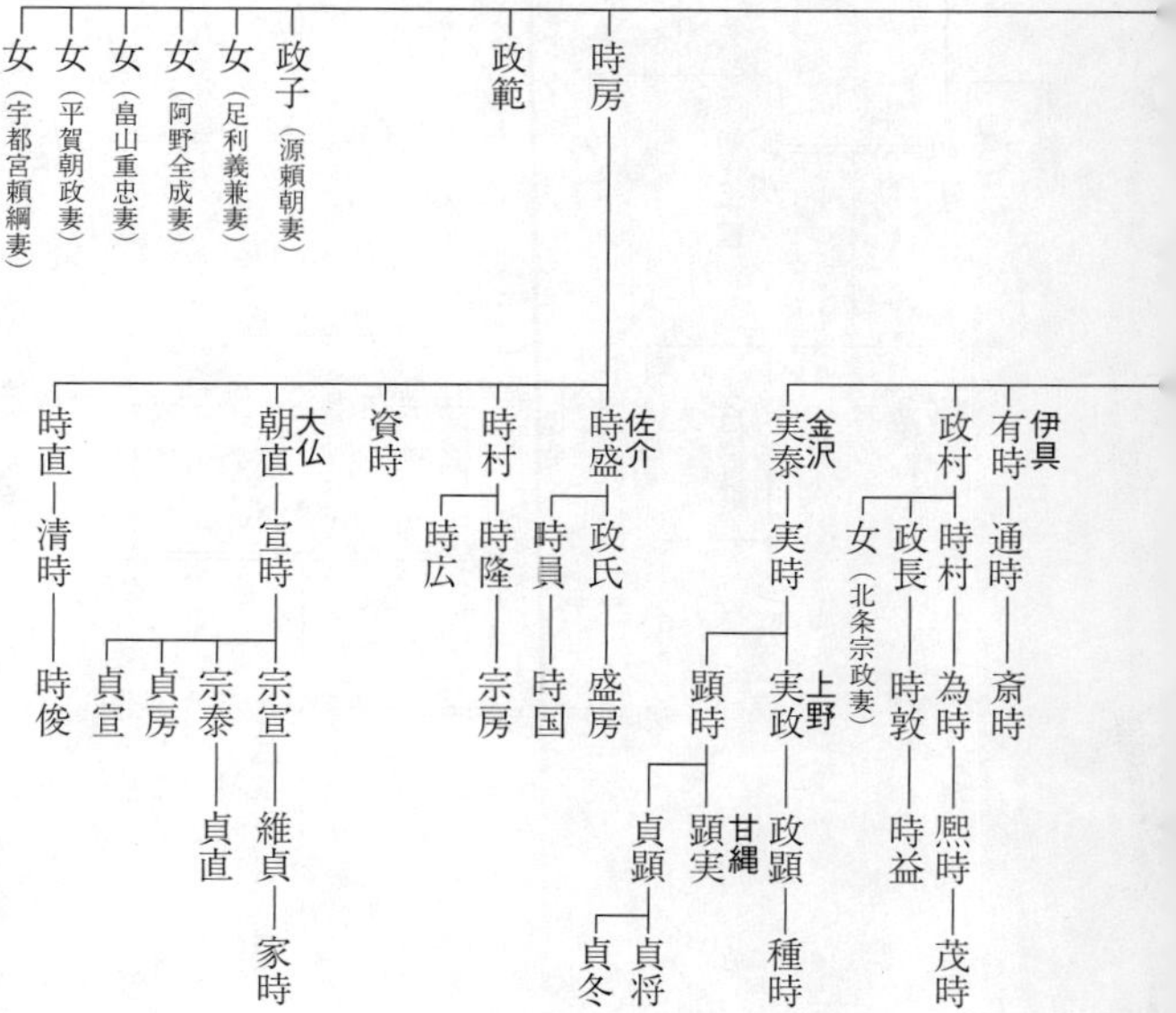

女（宇都宮頼綱妻）
女（平賀朝政妻）
女（畠山重忠妻）
女（阿野全成妻）
女（足利義兼妻）
政子（源頼朝妻）
政範
時房
時直—清時—時俊
大仏 朝直—宣時
宗宣—維貞—家時
宗泰—貞直
貞房
貞宣
資時
時村
時隆—宗房
時広
佐介 時盛
政氏—盛房
時員—時国
金沢 実泰—実時
上野 実政—政顕—種時
顕時
甘縄 顕実
貞顕
貞将
貞冬
政村
時村—為時—煕時—茂時
政長—時敦—時益
女（北条宗政妻）
伊具 有時—通時—斎時

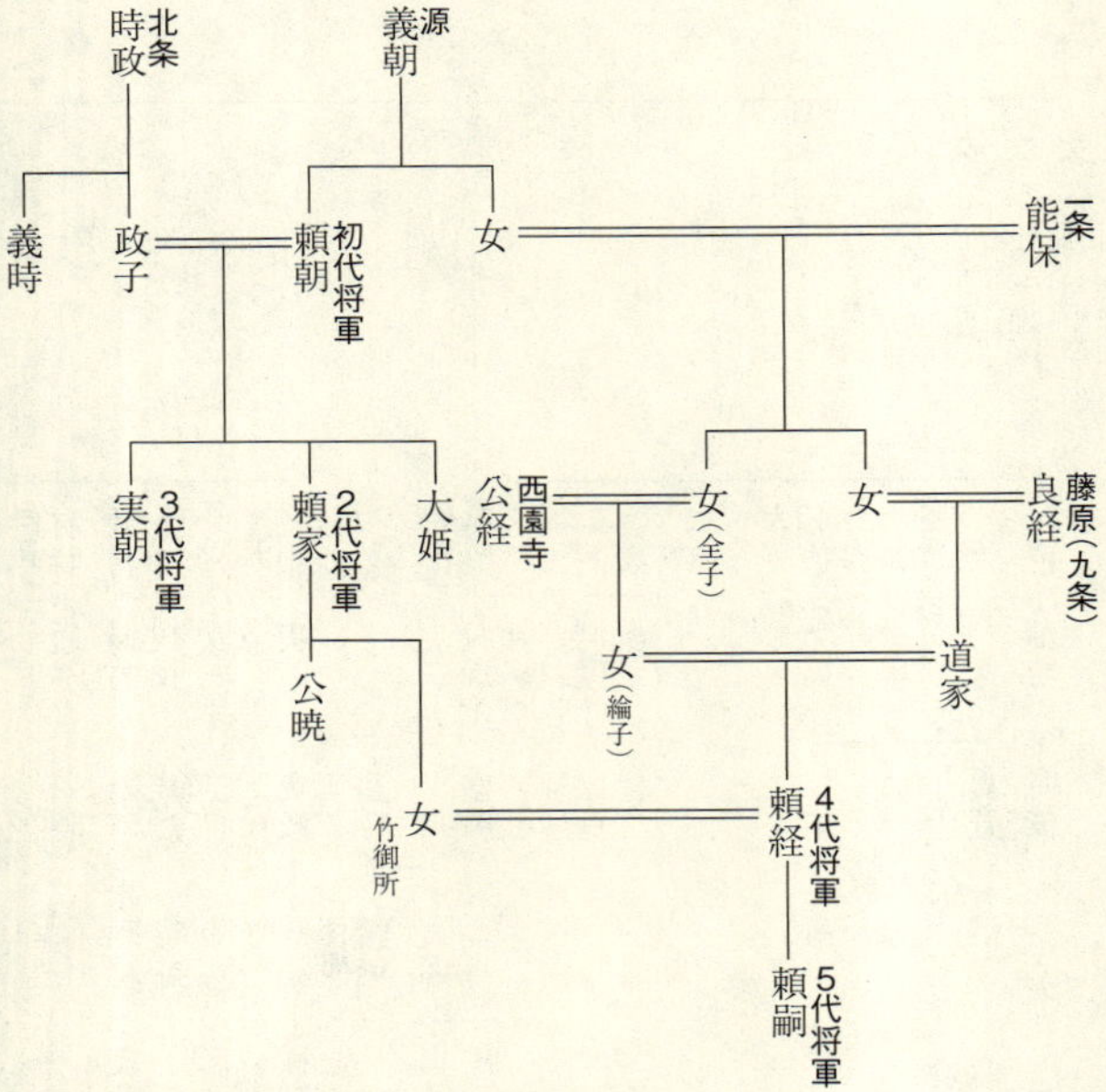

北条時政
源義朝
義時
政子
初代将軍頼朝
女
一条能保
3代将軍実朝
2代将軍頼家
大姫
西園寺公経
女（全子）
女
藤原（九条）良経
公暁
女（綸子）
道家
女竹御所
4代将軍頼経
5代将軍頼嗣

源氏将軍・摂家将軍系図

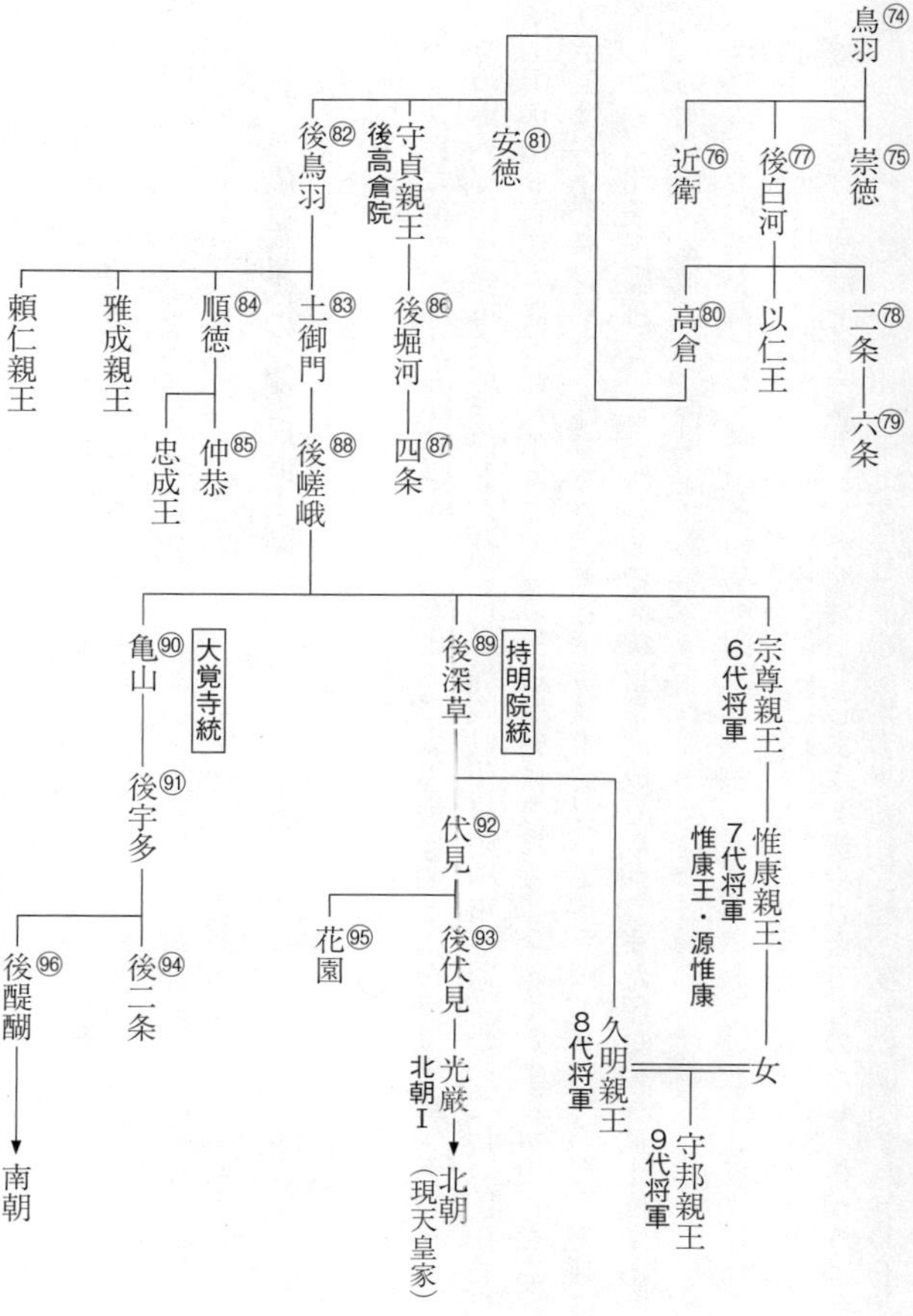

鳥羽 74
崇徳 75
後白河 77
近衛 76
二条 78
六条 79
以仁王
高倉 80
安徳 81
守貞親王
後高倉院
後鳥羽 82
後堀河 86
四条 87
土御門 83
順徳 84
雅成親王
頼仁親王
仲恭 85
忠成王
後嵯峨 88
宗尊親王
6代将軍
後深草 89
持明院統
亀山 90
大覚寺統
惟康親王
7代将軍
惟康王・源惟康
女
久明親王
8代将軍
守邦親王
9代将軍
伏見 92
後伏見 93
花園 95
光厳
北朝Ⅰ
北朝
(現天皇家)
後宇多 91
後二条 94
後醍醐 96
南朝

天皇家・親王将軍系図

第一章　北条氏という家

伊豆時代の北条氏武士団

伊豆国北条の地

ハブが西に向かって少し小首をかしげたように太平洋に突き出た伊豆半島。

その毒ヘビの右の首の付け根あたり、現・静岡県伊豆の国市寺家、かつて伊豆国《いずのくに》田方郡《たがたぐん》北条《ほうじょう》（国《くに》は律令制度の地方行政単位で、今の都道府県にあたる。全部で六十六ヵ国十二島。伊豆半島は、今は静岡県の一部であるが、昔は伊豆半島だけで伊豆国とされていた）と呼ばれたところに北条氏邸跡という史跡がある。鎌倉幕府成立以前、まだ伊豆の一武士団であった時代の北条氏の屋敷跡の発掘現場である。

はじめてこの場を目にした時の私の第一印象は、

「狭《せま》！」

であった。土地は上物《うわもの》を撤去して更地《さらち》にしてしまうと狭く見えるものだし、後がうっそうとした藪、すぐ前に狩野川《かのがわ》が流れているので、よけい狭く思えたのかもしれないが、正直、私の感想は「しょぼいなァ〜」であった。

この遺跡を見学した直後に、鎌倉時代には御内人《みうちびと》（北条氏得宗の家臣）となった諏訪《すわ》氏の支配した長野県（旧・信濃国）の諏訪に旅行した私は、その地の雄大さに、

「諏訪氏よ、なぜに北条氏ごときの家来になった？」

と思ったものである。

だが、これは考古学についてはド素人の抱いた印象に過ぎない。そこで考古学をやっている人に聞いてみたところ、北条氏邸跡は、規模でも出土品でも実に中途半端な遺跡で、高く評価する人は高く評価するが、低く評価する人の評価は低いとのことであった。ようするに誰もが認めるような大豪族の大邸宅跡ではないということになろう。

この田方郡北条が北条氏の苗字《みょうじ》（名字）の地であり、北条とその狩野川の対岸江間《えま》が伊豆時代の北条氏の本拠地であった。ちなみに現在、狩野川は江間の東岸を流れており、北条と江間の境界となっているが、平安・鎌倉時代には、江間の西岸を流れており、北条と江間は合わせて一つの狭い地域であった（昔はコンクリートがないので護岸工事ができず、川はちょっとした大雨で簡単に流路を変えたのである）。

もっとも、北条と江間だけが北条氏の勢力範囲ではなかった。

北条の北方、狩野川の支流柿沢川の南岸に、もっとも有名な御内人である長崎氏の苗字の地と伝える長崎、北条のすぐ南にやはり御内人として知られる南条氏の苗字の地南条があり、南条のさらに南に御内人広瀬氏と同じ名の広瀬神社があるので、北条・江間を中心とし

たこの一帯が伊豆時代の北条氏の勢力範囲であったと考えられる。北条の北東が源頼朝の配《はい》所《しょ》（流刑《るけい》にされた罪人の居住地）蛭ヶ小島《ひるがこじま》（地名。本当の島ではない）なので、北条氏の支配領域は蛭ヶ小島を西側から逆コの字形に囲む形で広がっていたのである。

しかし、柿沢川を挟んだ長崎の北には仁田《にった》氏・土肥《どひ》氏、江間の南方には天野《あまの》氏、そして蛭ヶ小島の北東には、源頼朝挙兵において標的として血祭りにあげられた伊豆国目代《もくだい》（代官）山木兼隆《やまきかねたか》、山木の北方に兼隆の後見堤信遠《こうけんつつみのぶとお》があったから、北条氏の勢力範囲はやはり狭小なものであったと言える。

頼朝挙兵時点の北条氏の兵力

では、伊豆時代の北条氏はどの程度の武士団であったのだろうか。

まず、北条氏に入る前に、この頃の地域名称について簡単に記しておく。すでに述べたように、国《くに》は当たり前であるが国家（nation）の意味ではなく、律令制の地方行政単位である。で、今の関東地方一都六県は関東ではなく坂東《ばんどう》と呼ばれていた。伊豆の東隣り相模《さがみ》（神奈川県）から反時計廻りに、武蔵《むさし》（埼玉県・東京都）、安房《あわ》・上総《かずさ》・下総《しもうさ》（千葉県）、常陸《ひたち》（茨城県）、下野《しもつけ》（栃木県）、上野《こうずけ》（群馬県）の八ヵ国である。この坂東が鎌倉幕府の本拠地であり、中でも鎌倉のある相模とその隣りの武蔵が鎌倉幕府のお膝元《ひざもと》である。

関東は現在よりずっと広い地域の呼び名で、東国《とうごく》とほぼ重複する。詳しい説明をする余裕はないので、実に乱暴にザックリ言うと、当時の関東・東国は東本州と考えていただきたい。

そして関東・東国は鎌倉幕府の直接支配領域となったので、鎌倉時代の人々は、今我々が「鎌倉幕府」と呼んでいるモノをも「関東」と呼んでいたのである。

で、伊豆時代の北条氏であるが、以前は鎌倉時代のイメージから、関東有数の大豪族と考えられていた。しかし、研究が進んだ結果、大豪族とはとても言えない、土豪・田舎武士とも言うべき、かなり小規模な武士団であったとされるようになった。現在では、祖先に介《すけ》（国の次官。今の都道府県の副知事のようなもの）を称する者があること、王朝貴族や清盛流平氏（いわゆる平氏一門）と独自の関係を築いていたらしいこと、流通・商業に関わっていた可能性があること、北条の地が三島の伊豆国府《こくふ》（国の政庁である国衙《こくが》の所在地。今で言えば都道府県庁所在地）に比較的近いことなどから、武士団としての規模に関わりなく有力な武士団であったとの意見もある。

そこで、まず伊豆時代の北条氏の兵力を推定してみよう。鎌倉北条氏研究の先達《せんだつ》奥富敬之《おくとみたかゆき》氏は三十騎から五十騎としているが、これは正しいのであろうか。

治承四年（一一八〇）八月十七日、源頼朝は平氏打倒を叫んで挙兵し、平氏の目代山木兼隆を襲撃する。いわゆる「山木攻め」である。

この時の頼朝の兵力は、『源平盛衰記《げんぺいじょうすいき》』によれば本隊八十五騎・援軍五騎の合計九十騎。頼朝はこれを山木邸襲撃隊と山木の後見堤信遠邸襲撃隊に分けている。「頼朝挙兵」と言うと、ずいぶん勇壮なイメージを抱くが、実はこの程度のもので、山賊の殴り込みに近かったと言えよう。

挙兵前日の日暮れになっても、佐々木兄弟のたった四人が来ないことから、頼朝が「いよいよ人数なきの間（ますます人数が少ないから）」を理由に挙兵の延期を考えている（『吾妻鏡』治承四年八月十六日条）事実からも、この時の頼朝の兵力の貧弱ぶりがわかろう。

これに参加した北条氏の人は、惣領時政と息子三郎宗時《むねとき》・小四郎《こしろう》義時、そして時政の従弟とも甥とも伝えられる平六時定《へいろくときさだ》の四人であった。そして挙兵三日後の『吾妻鏡』治承四年八月二十日条に見える頼朝の直参《じきさん》四十六騎（北条氏四人を含む）の大部分は挙兵に参加していたはずである。さらに九十騎には、通常は戦闘員に含まれない雑色《ぞうしき》・下人《げにん》（いずれも召使いのようなもの）までも加えられていた。また、四十六騎の中には佐々木四兄弟のように身一つで参加した者もあったが、家臣を連れていた者もあったはずである。

これらを勘案すると、どう考えても山木攻めに参加した北条氏武士団は九十騎の半数以下であったことになろう。この数値からすれば、山木攻めでの北条氏武士団の兵力は、奥富氏の推定をも下回り最多でも三十騎、おそらくはそれ以下であったと考えられる。山木攻めは、北条氏が家の命運を賭けた戦いであり、戦える者はすべて参加したと考えるべきである。とすれば、山木攻め時点の北条氏の最大動員力は、三十騎以下であったとせざるを得ない（私は二十騎前後以下と考えている）。

正確に辿れない系譜

一方、伊豆の代表的武士団である伊東《いとう》氏の動員力は、『吾妻鏡』治承四年八月二十三日条によれば「三百余騎」。すると、伊東氏の動員力は北条氏の十倍以上であったことになる。伊東氏が大規模な同族集団を形成していたのに対し、前述のごとく同年時点の北条氏が時政・宗時・義時・時定の四人であったことは、伊東氏と北条氏の規模に非常な開きのあったことを示している。

これも前述したように、北条氏は根拠地が三島の伊豆国府の近隣であったこと、祖先に介を称する者が認められること、清盛流平氏を含めた京都政界と独自のパイプを持っていたらしいこと、また京都方面との通交を含めた流通に力があったらしいことなどから、伊豆国内では、それなりに有力な武士団の一つであったとは推定されるが、伊東氏とは比べようもなかったのではないか。時政は伊東氏の惣領祐親《すけちか》の娘を妻としており（後述）、北条氏は伊東氏武士団に包摂《ほうせつ》されつつあった可能性が高い。北条氏はハタから見れば、一応自立はしているものの伊東氏の外郭団体または下部組織、現代風に言えば協力企業、もっとハッキリ言ってしまえば下請け業者といったところが客観的な評価だったのではないか。財力にしても、「この程度の武士団としては」という限定を付けたうえで、その豊かさを考察すべきである。

また、現在伝えられている北条氏の系譜にも、伊豆時代の北条氏の実態がうかがわれるようである。鎌倉時代以降有名になったので、北条氏の系図や系譜を記した史料は数多く残されている。だが、時政以前の系譜の混乱は「ヒドイ！」の一語に尽きる。

桓武平氏の平直方《たいらのなおかた》を始祖《しそ》とする点は諸系図・諸史料、ほぼ一致しているが、直方から時政までを四世代（『群書系図部集』所収『桓武平氏系図』）・五世代（『群書系図部集』所収『北条系図』など）・六世代（『尊卑分脈《そんぴぶんみゃく》』）とするものがあり、各人の系譜関係もバラバラである。

時政の父すら時方《ときかた》・時家《ときいえ》の二説があり、時家については時政の祖父・父・弟とするものがある。系図、特に武家のそれは齟齬《そご》があるのが普通で、だから系図の史料価値は低い、要するにマユツバと言われるのであるが、それにしてもある人がある人の祖父であったり父であったり、あまつさえ弟でもあるというのは、いくらなんでもヒドすぎる。

さらに、坂東で成立した『平家物語』の異本『源平闘諍録《げんぺいとうじょうろく》』に記された系譜になると、桓武平氏ではあるものの直方の子孫ですらなくなってしまう。こうなると、もう何が何やら。諸系図・諸史料を突き合わせて系譜を復元しようとする試みはいくつもなされているが、いまだ定説と言うべきものは存在しない。各史料の記す系譜があまりにも異なるため、どう突き合わせても説得力のあるものとはならないためである。

私はむしろ、このような史料状況をそのまま受け入れるべきなのではないかと思うのである。つまり、伊豆時代の北条氏は系譜が正確に伝わるような家ではなかったと考えるべきだと思うのである。

まさか時政や義時が自分の父や祖父の名を知らなかったはずはないが、鎌倉時代も中期以降になると、北条氏自身ですら、自家の先祖の系譜がよくわからなかったのではないか。系譜の混乱も、伊豆時代の北条氏が、たいした家ではなかったことを示していると思う。

武士団というと映画やゲームなどの戦国騎馬武者軍団を思い浮かべ、大集団であったと思っている人も多いが、平安・鎌倉期の武士団は意外に人数が少ない。東国豪族型領主《とうごくごうぞくがたりょうしゅ》と呼ばれる連中は百騎・千騎単位の兵力を有し、中には公称とはいえ万単位の軍勢を呼号する者もあったが、これらは最大級の部類の話で、そうそういるものではない。逆に父子二人に家臣一人とか兄弟二人だけといった、武士団と言うより武士親子・武士兄弟とでも言いたくなる豆粒のような武士団も少なくなかった。であるから、伊豆時代の北条氏武士団は決して極小の部類ではないが、さりとて大武士団とはとても言えない。当時の東国武家社会にあってはその他大勢、有象無象《うぞうむぞう》の武士団の一つに過ぎなかったと言えよう。

烏帽子親子関係に見る生き残り戦略

北条氏と頼朝

では、当時の北条氏惣領時政は、自家の未来図をどのように描いていたのであろうか。以下では、頼朝挙兵直前、一一七〇年代頃の北条氏の置かれていた状況と、それに対する時政の戦略について考えてみよう。

まず、頼朝挙兵の年、治承四年（一一八〇）における北条一家の年齢を整理しておく。

当主四郎時政は四十三歳。時政の従弟とも甥とも伝える平六時定は三十六歳。長女政子が二十四歳。他に娘が何人かいるが、いずれも年齢は不詳。嫡男《ちゃくなん》（跡継ぎ候補）であったと推定される三郎宗時は、年齢不詳で政子の兄なのか弟なのかもわからない。政子・宗時の弟である小四郎義時は十八歳。義時の弟五郎時房《ときふさ》は、まだ六歳で、元服《げんぷく》（成人式）もしていない。

　宗時を時政の嫡男とする根拠の一つは、頼朝挙兵直後に起きた石橋山合戦の敗北後における北条父子の逃走方法である（『吾妻鏡』治承四年八月二十四日条）。北条父子は時政・義時と宗時に分かれて逃げている。二手に分かれることによって、片方が殺されても、もう一方が生き残ることにより、家を存続させることを計ったと考えられる。この場合、時政が惣領、宗時が嫡男で、庶子である義時は父のボディ・ガード役であったとするのが自然であろう。結果として、宗時は殺され、時政（と義時）は生き残ったのである。

　また、婿《むこ》である頼朝は、妻政子のちょうど十歳上、舅《しゅうと》時政の九歳下で、三十四歳。頼朝と政子の長女大姫《おおひめ》は、治承二年または三年生まれとされるので、三歳か二歳である（私は二歳と推定している）。頼朝夫妻の間には、まだ大姫以外の子はなかった。大姫の年齢からして、政子は頼朝と結ばれた時、二十歳を越えていたはずであり、これは当時の女性としては晩婚である。

　頼朝の初陣《ういじん》であり同時に彼の家を壊滅状態に陥れた平治《へいじ》元年（一一五九）十二月の平治の乱の翌年、永暦《えいりやく》元年三月に頼朝は十四歳で配流《はいる》（流刑のこと。いわゆる「島流し」であるが、島に限らず京都より遠方の地に罪人を強制移住させる刑）されて以来、挙兵までまるまる二十年間、伊豆国田方郡で流人《るにん》（流刑にされた罪人）生活を送っていた。その生活は乳母《めのと》比企尼《ひきのあま》、別の乳母の妹の子三善康信《みよしのやすのぶ》など多くの支援者に支えられ、経済的には何の不自由もなかった。しかし、同時にこの二十年は清盛流平氏の全盛時代であり、頼朝には未来もなかった。一流人として朽ち果てるのを待つだけの人生である。

責任も義務も苦労もないが同時に未来もない頼朝は、政子と結ばれる以前、伊豆最大の豪族伊東祐親《いとうすけちか》が在京中に俗に八重姫《やえひめ》と伝える祐親の娘と結ばれ、千鶴《せんつる》という息子をもうけた（『源平闘諍録』など）。だが、伊豆に帰った祐親は平氏への聞こえを恐れて二人の婚姻を認めず、頼朝と八重を別れさせたうえに、実の孫である千鶴を淵に沈めて殺したとされる。怒り心頭の祐親は、さらに頼朝殺害を計ったが、頼朝は伊豆山《いずさん》神社（走湯権現《はしりゆごんげん》）に逃げ込み、一命を取り留めたというのである。

その後、懲りないことに頼朝はやはり在京中だった北条時政の娘政子に手を出す。八重とまったく同じパターンである。京より帰った時政は祐親と同じく二人の仲を認めず、政子を山木兼隆に嫁がせてしまった。しかし、政子は頼朝のもとに走り、娘のこの行動にやむなく時政も頼朝を婿として迎えたとされる。

これらの一連の騒動は、大姫の誕生時期からして、一一七〇年代中頃から後半のことであったと考えられる。

武士たちの名前から見えること

この時期、時政は北条氏の未来をどのように描き、それに対しどのような行動をしていたのか。またそれは彼が伊東祐親と違って流人頼朝を婿として迎えたことと、どのように関わるのであろうか。ヒントになるのは、子息宗時・義時の実名《じつみよう》（諱《いみな》）である。

北条兄弟の話にはいる前に、詳しくは第四章第二節「氏・姓・苗字」で記すが、当時の武士の名前について解説しておこう。

具体的に話した方がわかりやすいので、北条時政を例にしよう。北条氏は桓武平氏の一流であるから、氏《うじ》は平《たいら》で時政の正式な名乗りは平 時政《たいらのときまさ》であるが、通常の呼称は「北条四郎時政《ほうじようのしろうときまさ》」（俗に氏には「の」を付け、苗字《みようじ》〈名字〉には「の」を付けないで読むと言われるが、誤りである。昔の人は氏にも苗字にも「の」を付けて読んでいた）である。これを分解すると、北条が苗字、四郎が仮名《けみよう》、時政が実名（諱）である。

苗字の北条は、時政の住所兼所領《しよりよう》（支配地、ナワバリ）の地名である。当時の武士は居住地名を苗字にすることが多かった。現在では、苗字は家の名であるが、平安末期から鎌倉初期にかけては、ちょうど苗字が個人に付いたものから家の名に変わる過渡期で、親子兄弟で異なる苗字を称することは普通のことであった。たとえば、武蔵国に勢力を張った桓武平氏の一門秩父《ちちぶ》平氏（秩父党）では、重能《しげよし》・重忠《しげただ》が父子で畠山《はたけやま》を称しているが、重能の弟有重《ありしげ》は小山田《おやまだ》、有重の子重成《しげなり》は稲毛《いなげ》、その弟重朝《しげとも》は榛谷《はんがや》を称している。清和源氏義光《よしみつ》流の甲斐《かい》源氏では信義《のぶよし》・信光《のぶみつ》父子が武田を称するが、信光の兄忠頼《ただより》は一条《いちじよう》を称するといった具合である。また、下野（栃木県）の小山朝政《おやまともまさ》の弟宗政《むねまさ》・朝光《ともみつ》は、小山から宗政が長沼、朝光が結城に変更しているように、苗字を変える場合もある。

次に仮名「四郎」であるが、これは基本的に四男坊の意味である。太郎が長男、次郎・二郎は次男である。また、五郎太郎というのは五男の長男、つまり父が五男で本人はその長男という意味である。義時の「小四郎」は、父時政の「四郎」に対し、小さい方の四郎、つまり「四男坊の四男坊」という意味。

そして実名は読んで字のごとく、本当の名、つまり正式の名前である。実名は諱とも言うが、これはまさに「忌《い》む名」であり、通常、主人や父母など目上の人間しか呼んではならない。そこで実名に替わって通称として使われるのが仮名なのである。

たとえば、時政の場合、家の中では「四郎」でわかるわけであるが、外に出れば「四郎」はたくさんいるので、ただ「四郎」と言っただけでは、どこの四郎だかわからない。そこで苗字を付けて「北条四郎」と呼ぶわけである。

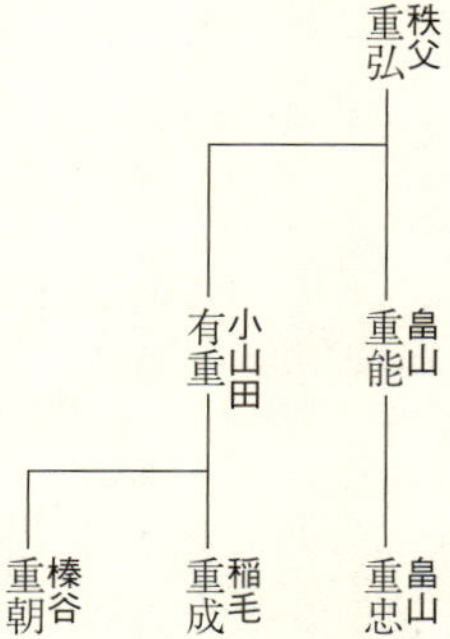

秩父平氏（秩父党）系図

個人の名前には、仮名・実名の他に童名《わらわな》（幼名《ようみょう》）というものもある。これは、子供時代の名である。時政の童名は不明であるが、孫の泰時は「金剛《こんごう》」といった。下に「丸《まる》」を付けて「金剛丸」などとも言う。有名なのは源義経の童名「牛若丸《うしわかまる》」である。丸は麻呂《まろ》（麿は麻呂を合わせた文字）の変化で、麻呂は本来は一人称であるが、まあ「坊や」程度の意味。

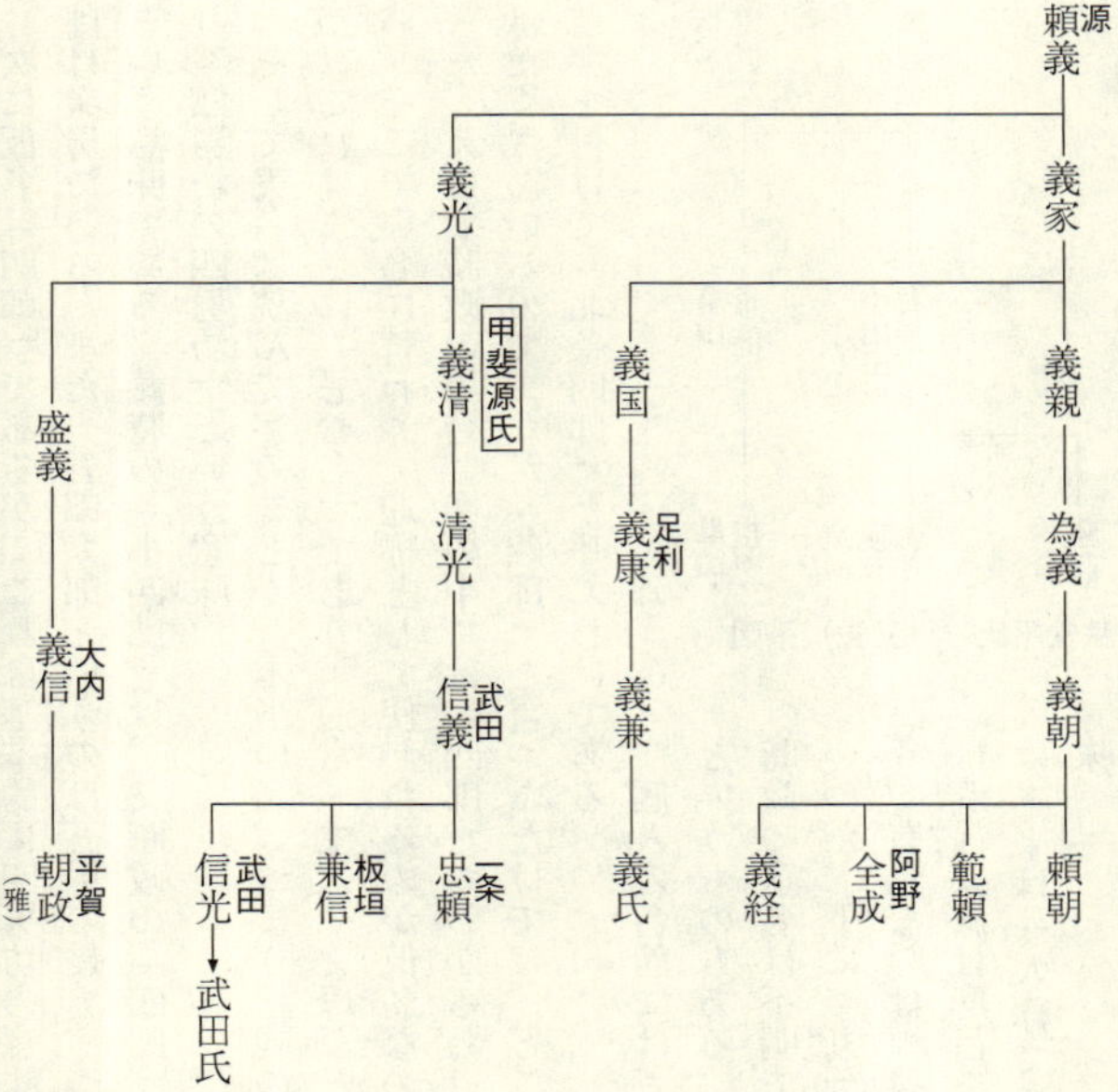

清和源氏系図

武士の男子は子供時代は童名で呼ばれているが、成人式である元服の儀式で仮名と実名を与えられる。現代日本の成人は二十歳からと法律で定められているが、昔の元服は挙行の年齢が決められておらず、だいたい数え年で十五歳前後、早い場合は五歳前後くらいでもおこなわれた。何歳であろうと、元服して仮名と実名を与えられれば、社会的には成人であった。

そして元服において新成人の少年に仮名と実名

を与える役が烏帽子親《えぼしおや》である。対して、新成人は烏帽子子《えぼしご》と呼ばれる。烏帽子とは古代・中世日本人の成人男子が被《かぶ》っていた紙製の冠《かんむり》のことである。種類はいろいろあるが、絵巻物を見ると、俗人の男が真っ黒な帽子のようなモノを被っているであろう。あれである。

成人男子の証《あかし》である烏帽子を新成人に初めて被せる役、つまり男の子を男にする役が烏帽子親であり、烏帽子親はもう一人の父として、烏帽子子を戦闘行為をも含めて生涯にわたり保護する義務を負った。うっかりなれるようなものではない。

この烏帽子親が烏帽子子に大人としての名、仮名と実名を与えたのである。この時、烏帽子親が自身の実名の一字を烏帽子子の実名の文字として与えることがあった。これを「偏諱《へんき》を賜《たま》う」と言う。「偏」は片方の意味であり、「偏諱」は、つまり通常、漢字二文字で構成されることの多い日本男子の実名の一字を指す。

そして平安期以来、貴族・武士の男子の名には通字《つうじ》というものもあった。一族で名に共通の文字を使うことであり、有名どころは鎌倉北条氏の「時」であり、また室町将軍足利氏の「義」、徳川将軍家の「家」であろう。

つまり、武士の名は「烏帽子親の偏諱＋家の通字」（逆も可）という構成になることが、わりと多いのである。

「義」と「宗」の字、そして頼朝

前フリが長くなったが、北条時政の二人の息子三郎宗時《むねとき》・小四郎義時兄弟の実名の話に戻ろう。

二人の名のうち「時」は、もちろん北条氏の通字であるが、では宗時の「宗」、義時の「義」は何者から偏諱を賜わったのであろうか。今述べたように当時の武家社会の慣習から、これはそのまま二人の烏帽子親を特定する可能性を持つ。

まず、義時。

当時の東国武士団にあって「義」を通字とするのは、相模の三浦一族である。三浦氏は伊豆の東隣相模の三浦半島を本拠とする同国最大の武士団であり、惣領は相模介《さがみのすけ》（介は守《かみ》に次ぐ国の次官の官職）を世襲して三浦介《みうらのすけ》と称していた。初期の鎌倉幕府でも、下野の小山・下総《しもうさ》（千葉県北部）の千葉と共に三大豪族として幕政にも重きをなした。その三浦氏が三代目義継《よしつぐ》以来、平安期から鎌倉初期にかけて一族挙げてガンコに「義」を通字としており、非常にややこしい。

北条氏は、この三浦氏と伊東氏を通じて姻戚関係にあった。義時の母（時政の前妻）は『前田本平氏系図』によれば「伊東入道女」であり、『三浦系図』によれば三浦六代目の惣領義村《よしむら》の母（義澄《よしずみ》の妻）も「伊東入道女」である。そして「伊東入道」は『工藤二階堂系図』によって伊東祐親とわかる。義時の母と義村の母は姉妹と考えられるので、北条義時と三浦義村は母方の従兄弟同士であったことになる。この関係からしても、義時の「義」は三浦氏嫡流、具体的には義村の祖父義明《よしあき》またはその子で義村の父である義澄の偏諱を受けたものと考えられる。義時は三浦氏嫡流を烏帽子親としたと推定される。

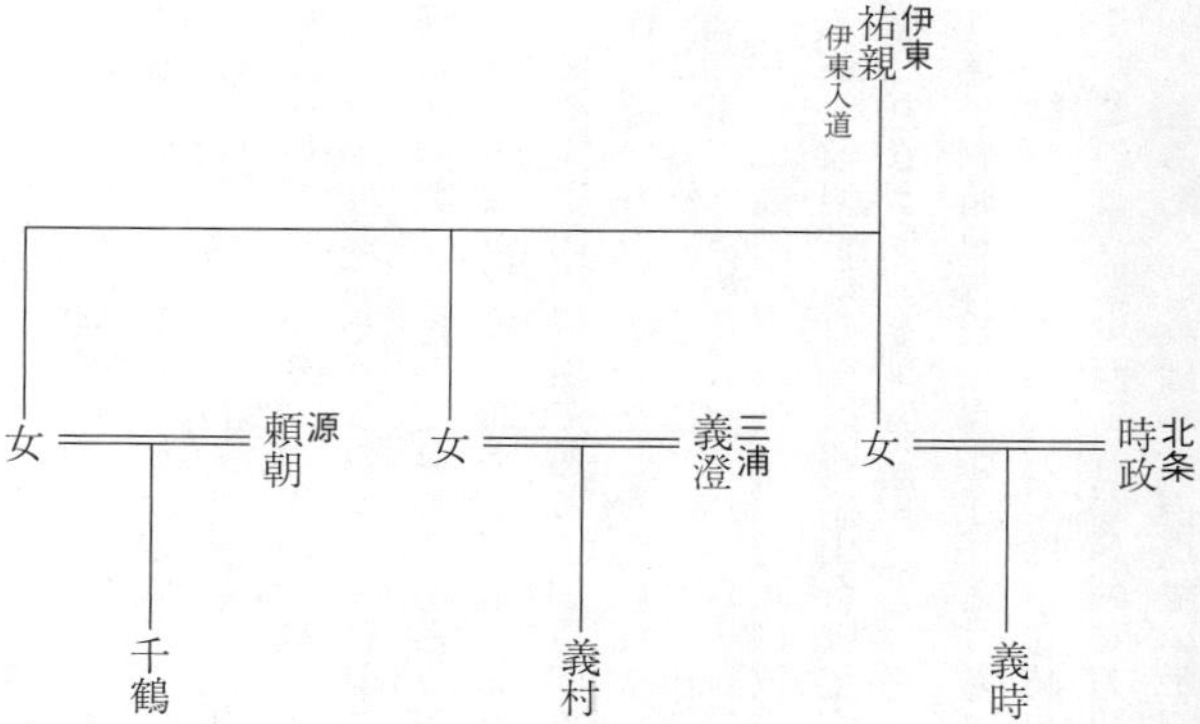

伊東氏姻戚関係図

伊東祐親の娘ということは、北条義時と三浦義村の母は、先に記した頼朝の子千鶴を生んだ八重姫の姉妹ということになり、年齢差が気になる人がいるかもしれないが、昔の兄弟姉妹は親子ほども歳が離れているのが普通である。そもそも時政の子供たちが、政子と時房が十八歳違い、義時と時房が十二歳違い、後に生まれる政範《まさのり》に至っては政子とは三十二歳、義時とは二十六歳、時房でも十四歳も離れている。貴族の例も挙げておくと、平安末期の摂関家（摂政・関白を出す最上級貴族。詳しくは後述）に忠通と頼長という仲の悪い兄弟がいるが、この二人は二十三歳違いである。

では、時政の嫡子宗時の「宗」は何者の偏諱であろうか。候補者は、時政の後妻牧方《まきのかた》を出した牧氏である。

牧氏は平忠盛《たいらのただもり》の後妻、つまり清盛の継母であり、平治の乱後に頼朝の助命を清盛に請うたとされる池禅尼《いけのぜんに》の実家である。池禅尼は牧方の叔母であった。牧方の父宗親《むねちか》は、池禅尼の子平頼盛《よりもり》の所領駿河国《するがのくに》（静岡県中部）大岡牧《おおおかのまき》の代官を務めていた。よって、牧氏は全盛時代の清盛流平氏の近臣であった。

『愚管抄《ぐかんしょう》』六に「時正《（政）》ワカキ妻ヲマウケテ」の一文がある。これを素直に読めば「時政が若い妻を得て」となり、中年の時政（頼朝挙兵時点で四十三歳）がずっと年の離れた若い妻をもらったからこそ、このような表現になったのであろう。北条氏と牧氏は頼朝挙兵以前から何らかの関係を持っていたであろうが、時政と牧方の婚姻は、頼朝挙兵後と考えられる。

さて、この牧氏の通字が「宗」なのである。

清盛流平氏の近臣である王朝貴族牧氏と東国武士北条氏の平氏全盛時代の関係は、主従関係に近いものであったと考えられる。時政は牧氏、おそらくは後に自分の舅となる宗親に嫡子宗時の烏帽子親となってもらったのではないか。

さらに推測を重ねれば、時政は牧方を宗時の妻にしようとしていた可能性もあろう。ところが、頼朝挙兵直後の石橋山合戦で宗時が討死してしまったため、時政は牧方を自分の妻にしたのではなかろうか。

嫡子宗時を牧氏の烏帽子子とすることにより、牧氏を通じて駿河、さらに京都の清盛流平氏と結びつき、その一方で庶子義時の烏帽子親子関係を通じて相模三浦一族との協調を目指す。このような東西両方面への勢力伸長を時政は画策していたと推定されるのである。

もちろん、これは時政視点での戦略であり、あまり過大に評価はできない。牧・三浦両氏

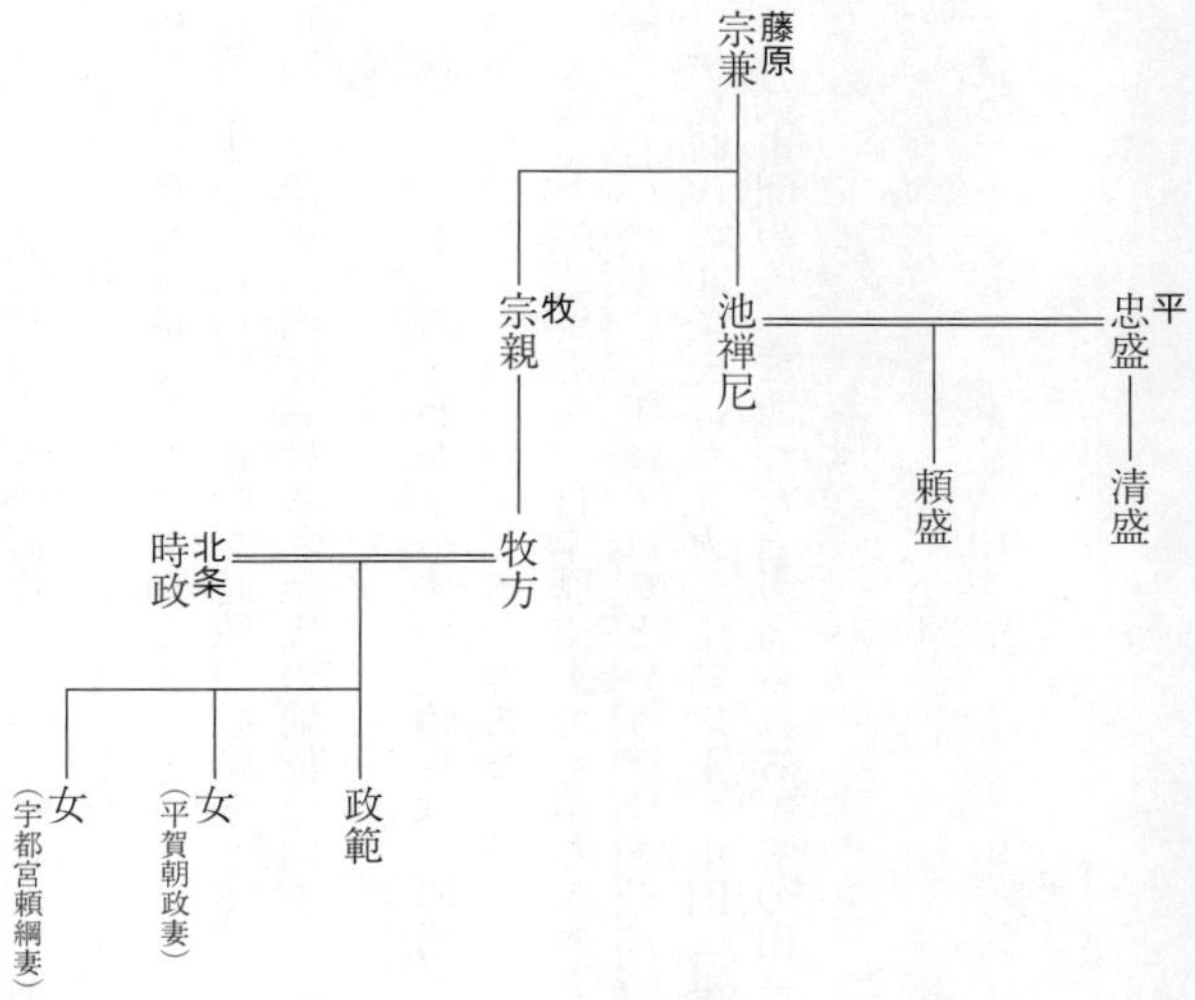

牧氏姻戚関係図

への接近は、せいぜい強大な伊東武士団に吸収されることを免れ、伊豆国内における自家の自立を守ることを目的としたものと解釈するのが妥当である。伊東氏に飲み込まれまいとジタバタしていたというのが、一一七〇年代の時政、そして北条氏の実態であったのではないか。

　同様に、頼朝を娘婿としたことも、将来に対する壮大な計画があったからではなかろう。頼朝は確かに武家の名門清和源氏の御曹司《おんぞうし》であるが、その家は平治の乱で壊滅状態になったのであり、当時はただの流人である。言ってみれば、倒産した高級ブランドのバッグである。清盛流平氏の時代がもう二十年続いていれば、頼朝に出番はなく、彼の歴史上での役割は平治の乱後の伊豆配流で終わっていたのである。そしてただ貴種《きしゅ》（貴い血筋）であるという以外に何の価値もない流人頼朝を時政が娘婿として認めたのは、それが東国武士団内部、より限定的には伊豆国内における北条氏の地位の向上・安定に少しでも繫がればと考えたからであろう。

競馬にたとえるとわかりやすい。時政は三浦馬券・牧馬券と少しでも勝率の高い馬券を買い漁っていた。その中で、ご本人はあまり乗り気でなかったがブランド好きの長女にねだられて買った頼朝馬券が、日本歴史上でも希《まれ》な大穴となり、オマケにおそらく親子ほども年の離れた若い後妻まで手に入れるという僥倖《ぎょうこう》を得たのであった。

伊豆時代の北条氏は、兵力三十騎以下、東国《とうごく》（東本州）にゴロゴロ存在していたその他大勢の武士団の一つであったと考えられる。その田舎土豪の庶子に生まれたのが、義時であった。

第二章　江間小四郎義時の軌跡——伝説が意味するもの

北条氏庶家江間氏

江間小四郎

さて、義時である。

まずは、頼朝期までの彼について考えてみることにしよう。

すでに何度か出てきたが、これ以降の記述では、『吾妻鏡』という本がやたらに登場する。この本は、鎌倉時代後期に幕府自身または幕府有力者の誰かが編纂したと推定される鎌倉幕府の歴史書である。治承四年（一一八〇）から文永三年（一二六六）の六代将軍宗尊親王京都送還までの八十六年間（欠あり）を日記体で記しており、鎌倉幕府研究の基本文献である。

その『吾妻鏡』で義時は、相模守《さがみのかみ》（相模国の国守《こくしゅ》。今の神奈川県知事のようなもの）に任《にん》官《かん》（王朝官職に就任すること）する以前は「北条小四郎《ほうじょうのこしろう》」または「江間小四郎《えまのこしろう》」「江間殿《えまどの》」などと呼ばれている。しかし、北条の苗字で記されたのは二十三例、江間の苗字で記されたのは五十九例で、江間の方が圧倒的に多い。しかも、北条の場合は、父時政・兄宗時との連記で「同四郎」と記された六例を含むから、単独で北条で呼ばれた例は十七例に過ぎない。

さらに注目すべきは、義時の嫡子泰時の通称である。今日、泰時は「北条泰時」で通っており、彼の苗字が北条であることに疑問を持つ人は、まずいない。当たり前のことである。ところが、泰時は『吾妻鏡』では、なんと一度として北条で呼ばれておらず、苗字を記した場合はすべて「江間」(「江馬」を含む)なのである。

これは明らかに義時の家が江間氏であり、北条氏ではなかったことを示している。

江間はすでに述べたように、北条氏の苗字の地である北条の隣地の地名である。義時は父時政から江間の地を与えられ、ゆえに江間小四郎を名乗ったのである。つまり、義時は北条氏の庶家江間氏の始祖であったのである。

これまで元久《げんきゅう》二年(一二〇五)の牧氏の変までの義時は、北条氏として時政と一体の存在として考えられることが多かった。言うまでもなく二人は父子なのであるから、義時およびその家江間氏を、北条氏に包括して考えること自体は別に問題ではない。しかし、『吾妻鏡』での呼称の記述からは、時政は北条氏、義時は江間氏として別個に考える視点もあってよいはずである。

本家と庶家

時政の嫡子は義時の兄宗時であったが、彼は源平合戦初頭の石橋山合戦で討死する。この後、時政の北条氏本家は何者に継承されることになっていたのであろうか。候補者は二人存在する。

まず一人目は義時の異母弟で牧方の生んだ政範である。彼は元久元年（一二〇四）十月十四日条の『吾妻鏡』初登場時に「左馬権助《さまごんのすけ》」、同年十一月五日条の卒伝《そつでん》（没記事に記される略伝）には「従五位《じゅごい》下行《げぎょう》左馬権助平朝臣政範卒、年十六、時に在京」とあり、十六歳ですでに叙爵《じょしゃく》している。

叙爵とは従五位下の位階《いかい》に叙すことであり、わかりやすく言えば、貴族社会への登竜門である。何歳で叙爵するかは、その後の出世にも大きく関わり、非常に重要な意味を持っていた。

政範が十六歳ですでに叙爵していることは、この時期の北条氏としては破格の待遇であり、時政の嫡子であったことは明らかである。時政は義時・時房を差し置いて後妻牧方の生んだ政範を嫡子としていたのである。時政が政範、そして牧方をいかに溺愛していたかが理解される。しかし、政範は右記のごとく十六歳で夭折してしまった。

もう一人の候補者は、義時の次男で名越《なごえ》氏の祖となる朝時《ともとき》である。名越の家名は時政の鎌倉での屋敷である名越邸から出ており、朝時が祖父の邸宅を継承したことを示している。泰時の母は「御所女房阿波局《ごしょのにょうぼうあわのつぼね》」であり、その母（つまり義時の前妻）の出自を確認できないが、朝時の母はよく知られているように比企朝宗《ともむね》の娘である。

比企氏は頼朝の乳母比企尼の一族である。清和源氏の御曹司として京都に育った頼朝には乳母が何人もいたが、中でも比企尼は、頼朝にとって特別な存在であった。頼朝の伊豆配流後、夫比企掃部允《かもんのじょう》と共に頼朝の後を追って所領である武蔵国比企郡に下り、頼朝の配流時代二十年にわたって、衣食の世話を続けたのである。頼朝にとっては、心の母とさえ言い得る。ゆえに頼朝は関東の主《あるじ》となって以降、比企一門や尼の娘婿を重用《ちょうよう》した。尼の養子能員《よしかず》の娘は、二代将軍頼家の妻となり、その嫡子一幡《いちまん》を生むのである。

頼朝期から頼家期にかけての幕府における比企氏の勢力は強大であった。しかし、比企一族は建仁三年（一二〇三）九月の北条時政による打倒比企氏のクーデター「比企の乱」で族滅した。この事件によって、時政は鎌倉幕府の執政者の地位に就いたのである。

朝時の母は比企尼の実子で早世した朝宗の娘なのである。実際、比企氏の守護分国（守護は鎌倉幕府の地方官で国毎に置かれた）であった能登《のと》（石川県北部）・越中《えっちゅう》（富山県）・越後《えちご》（新潟県）の北陸三ヵ国は朝時に引き継がれ、その後長く鎮西《ちんぜい》（九州）の筑後《ちくご》（福岡県西南部）・肥後《ひご》（熊本県）・大隅《おおすみ》（鹿児島県大隅半島・奄美列島）三ヵ国と共に名越氏の守護分国となっている。

時政は雄族比企氏の血を引き、ゆえに北陸三ヵ国に権益を主張することができるこの孫を後継者に考えていたのではないか。義時と朝時の父子関係が後年良好なものではなかったことには、このような背景があったとも考えられる。家祖朝時以来、名越氏が一貫して得宗家に対抗し続けた理由も、名越氏の側には自家こそが北条氏の正統であり、得宗家は本来分家である江間氏の子孫に過ぎないという意識があったためではないだろうか。

元久二年（一二〇五）閏《うるう》七月十九日、牧氏の変が勃発する。時政・牧方夫妻が牧方の生んだ娘の夫となった清和源氏一門の平賀《ひらが》朝政《ともまさ》を将軍に立てようと、時政の孫である三代将軍源実朝の暗殺を謀ったのである。しかし、陰謀は政子・義時らによって粉砕され、時政は伊豆に引退させられて、義時が北条氏の惣領となる。結果としてこの事件は、庶家江間氏による本家北条氏の乗っ取りという側面を有していた。

では、以上のように時政からは終始、庶子として扱われていた義時の頼朝期鎌倉幕府における地位は、いかなるものであったのだろうか。

鎌倉殿家子

大物たちの大人げないケンカ

宝治《ほうじ》二年（一二四八）と言えば、頼朝挙兵から数えて六十八年の後。鎌倉時代も中期に入っている。将軍は五代目藤原頼嗣《ふじわらのよりつぐ》。すでに執権政治の時代であり、幕府政務の最高職たる執権の職にあったのは、義時の曾孫時頼《ときより》二十二歳。副執権である連署には、義時の三男で時頼の大叔父にあたる重時《しげとき》五十一歳が就いていた。

『吾妻鏡』同年閏十二月二十八日条に、共に大豪族であり幕府でも長老として重きをなしていた下野の足利義氏《あしかがよしうじ》と下総の結城朝光《ゆうきともみつ》の実に大人げないケンカが記されている。義氏は六十歳。朝光に至っては八十一歳。

原因は手紙の書き方である。最初、義氏が朝光に礼の薄い、つまり見下《みくだ》した様式の手紙を送った。これに怒った朝光が同じ様式の返事を返し、今度は義氏が怒った。老人同士の争いは、幕府法廷に提訴されるに至る。

「当時の武士がいかに名誉を重んじたかが理解されよう」などと書けば、学問的な感じがしないでもないが、ようするに二人共、

「オレを誰だと思ってやがる?! ナメるンじゃねェー!」

ということであり、感性はヤクザのものである。

織田信長が「人間《にんかん》五十年、化天《げてん》の内をくらぶれば」と踊るより三百年以上前。細川頼之《よりゆき》が「人生五十、功無きを愧《は》づ」と歌うのよりも百三十年以上前。およそ八十年後に兼好《けんこう》法師は『徒然草《つれづれぐさ》』第百十三段で四十代の人を「老人」と記している。人生五十年、四十代で老人、そんな時代であるから、義氏でもじゅうぶん老人であり、朝光に至っては何をかいわんや。困った人たちである。

時頼や重時もバカバカしいと思ったに違いないが、両者共に最大級の豪族であり、調停しないわけにはゆかない。こんなことで合戦でもされたら、たまったものではないが、やりかねない。とりあえず双方の言い分を聞いた。

義氏の言い分は、自分は「右大将家御氏族《うだいしようけごしぞく》」(頼朝の一族)であるのに対し、朝光は頼朝に「仕《つか》」えた者に過ぎないではないか、ということ。頼朝の血族である自分が、家臣に過ぎない朝光に薄礼な書状を送るのは当然だ、というわけである。

対する朝光は所蔵していた頼朝の花押《かおう》（現代風に言えば、サイン）入りの「宗《むね》たるの家《いえの》子《こ》・侍《さむらい》を注《しる》す交名《きょうみょう》（主立《おもだ》った家子・侍を記した名簿）」なる文書を提出した。

幕府で交名の内容を調査したところ、足利氏と結城氏が「同等の礼たるべきのよし分明《ぶんみょう》（対等の礼をなすべきことは明白）」ということで、一件は落着。

義氏から、

「オレは頼朝様の一族だ。お前は家来じゃないか」

とののしられた朝光の主張が通ったのであるから、事実上、朝光の勝利であるが、『吾妻鏡』は「両方を宥《なだ》め仰《おお》せられ、これを閣《さしお》かる（双方を宥めて、判決を出さなかった）」と記している。頭から湯気を立てる老人二人の間に幕府が割って入り、「まあ、まあ、まあ」と宥めたのである。朝光には「はい、はい。あなたのおっしゃるとおりです」と認め、同時に義氏の顔も潰さないように正式な判決は出さなかったのであって、良識のある対応と言えよう。

ついでに、この交名によって「江間小四郎」義時が、頼朝の「家子専一《せんいつ》」（家子筆頭）であったことが明らかになるというオマケも付いた。父の栄誉を知って喜んだ連署の重時は、朝光から交名の実物をもらいうけ、替わりに案文《あんもん》（コピー）とこの間の事情を記した消息《しょうそく》（手紙）を自筆で書いて朝光に与えた。

チンピラみたいな老人どものメンツなぞ、どっちに転んでも我々の知ったことではないが、「いい歳をして、鎌倉武士はしょうがないなァ〜〜〜」と読み流さずに立ち止まっていただきたい。朝光が持っていた交名の「家子・侍」に注目すると、以上のエピソードからは、これまでほとんど知られていなかった頼朝期鎌倉幕府の階層秩序（御家人のランキング）が明らかになるのである。

門葉・家子・侍

一般に鎌倉将軍の家臣は「御家人」として一括《いっかつ》して扱われることが多いが、頼朝期には「門葉《もんよう》」・「家子」・「侍」の区分があった。以下、『吾妻鏡』によって紹介しよう。

まず、「門葉」。

元暦《げんりゃく》元年（一一八四）三月十七日条で、源平合戦に従軍して西海《さいかい》（瀬戸内海）にあった板《いた》垣兼信《がきかねのぶ》が書状で「たまたま御門葉に列」している自分は「一方の追討使《ついとうし》を奉《うけたまわ》り、本懐《ほんかい》たるべきのところ」に、土肥実平が「各別の仰《おおせ》を蒙《こうむ》ると称」して「西海の雑務《ざつむ》」や「軍士の手分」を勝手に指揮していると頼朝に苦情を訴えている。意訳すれば、「頼朝様の一族である私は平氏追討の大将の一人であるのに、実平が頼朝様から特別の命令を受けていると言って、占領地行政も軍事行動も勝手にやっています」ということ。これに対し頼朝は西海での指揮は「門葉によるべからず、家人によるべからざ」るもので、個人の器量に拠るべきであるとして、兼信の言い分を退けている。

また文治《ぶんじ》二年（一一八六）二月二日条では、頼朝が京都に送った文書の中で毛呂季光《もろすえみつ》が豊《ぶん》後守《ごのかみ》に推挙された。藤原氏の季光が国守に推挙された理由は、建久《けんきゅう》六年（一一九五）正月八日条に「由緒《ゆいしょ》有りて門葉に准《じゅん》ぜら」れていたと記されていることでわかる。

この二例によって「門葉」が清和源氏一門（頼朝の血族）を指すことは明白である。板垣兼信は清和源氏義光流で甲斐（山梨県）に勢力を張った甲斐源氏の一人であり、兼信の弟武田信光の後胤に出るのが有名な武田信玄である。文治元年（一一八五）八月二十九日条のいわゆる「源氏六人受領《ずりよう》」で知られるように、頼朝期には国守（受領は国守の別称）任官は基本的に源氏一門に限定されており、例外である毛呂季光の任官は「門葉に准ぜら」れていたからであった。

「門葉に准ぜら」れた例には、もう一つ、建久六年十一月六日条がある。この日頼朝は秀郷《ひでさと》流藤原氏の下河辺《しもこうべ》行平《ゆきひら》（小山氏の一門）に対し「殊《こと》に芳情《ほうじよう》を施《ほどこ》さるるのあまり、子孫においては永く門葉に准ずべきの旨《むね》、今日御書《おんしよ》を下《くだ》」している。「頼朝様は行平を特にお気に入りだったので、お前の子孫はずっと門葉に准ずるという内容の文書を行平にお与えになった」というのである。

以上の三例が頼朝の「門葉」についての『吾妻鏡』の記事のすべてである。

次に、「家子」。

『吾妻鏡』には十九例ほどの使用例があるが、大半は「御家人の家子」の例で、この場合は一般の武士団において惣領（主人）と血縁を有し、血縁のない家臣である「郎従《ろうじゆう》」より上位に位置づけられる「家子」を指している。

「頼朝の家子」の例はわずか二例。一つは前述の宝治二年閏十二月二十八日条であり、もう一つは建久元年（一一九〇）九月二十九日条で、頼朝上洛のための随兵記《ずいびようき》（お供する人の名簿）において「家子ならびに豊後守・泉八郎らにおいては、殿字《とのじ》を加えら」るというものである。この豊後守は前述の毛呂季光である。泉八郎は残念ながら正体不明。「門葉に准ぜら」れ明らかに一般の御家人より上位に置かれていた毛呂季光と並んで、名前に「殿字を加えら」れたという「頼朝の家子」は、門葉やこれに准ぜられた者と同様に、やはり一般の御家人より上位に置かれていたと考えるべきであろう。

「侍」については、これまでほとんど言及されたことがない。

『吾妻鏡』に見える「侍」は六十五例ほどであるが、その意味するところは大別して次の三つである。①公卿《くぎょう》・諸大夫《しょだいぶ》・侍という王朝身分秩序（貴族のランキング）における侍。②公家《くげ》や御家人などに私的に仕える者の種類の一つとしての侍。③いわゆる御家人。

中世には、一つの言葉がいろいろな意味を持っているので、ややこしくて困るのであるが、それはともかく③の「侍」が御家人を意味することは、御家人統率機関が「侍所」、将軍御所での御家人の詰所が「西侍《にしざむらい》」・「東　侍《ひがしざむらい》」であることからも明らかである。よって、前述した宝治二年閏十二月二十八日条の「宗たるの家子・侍を注す交名」の「侍」も、いわゆる御家人を意味すると考えられる。

以上のことから、現在ひとまとめにして「御家人」と呼ばれている鎌倉幕府所属の武士たちには、少なくとも頼朝期には「門葉」・「家子」・「侍」の区別があったことがわかった。「門葉」は源氏一門、「侍」は頼朝と血縁のない家臣、つまり一般の武士団における郎従、ということになる。では、「家子」は、どのような存在であったのであろうか。

頼朝親衛隊

繰り返しになるが、一般の武士団であれば、家子は惣領との血縁を有する者を指す。ところが、頼朝期の鎌倉幕府では、一般の武士団において家子とされた一門を「門葉」と位置づけしてしまったため、頼朝の家子は一般の武士団とは異なる形で形成されたと考えられる。頼朝の家子の姿を垣間見せていると推定されるのは、『吾妻鏡』養和《ようわ》元年（一一八一）四月七日条の次の記事である。

> 御家人らのうち、殊《こと》に弓箭《きゅうせん》に達《たっ》するの者・また御隔心《ごかくしん》無きの輩《ともがら》を撰《えら》び、毎夜御寝所《ごしんじょ》の近辺《きんぺん》に候《こう》ずべきの由を定めらると云々《うんぬん》、
>
> 江間四郎（北条義時）　下河辺庄司行平《しもこうべのしょうじゆきひら》　結城七郎朝光《ゆうきのしちろうともみつ》　和田次郎義茂《わだのじろうよしもち》
> 梶原源太景季《かじわらのげんたかげすえ》　宇佐美平次実政《うさみのへいじさねまさ》　榛谷四郎重朝《はんがやのしろうしげとも》　葛西三郎清重《かさいのさぶろうきよしげ》
> 三浦十郎義連《みうらのじゅうろうよしつら》　千葉太郎胤正《ちばのたろうたねまさ》　八田太郎知重《はったのたろうともしげ》

ここに見える十一人には、前述の「宗たるの家子・侍を注す交名」で家子と確定できる北条義時と結城朝光、やはり前述の建久六年十一月六日条で子孫が「門葉に准ぜら」れた下河辺行平が含まれている。御家人の中から「特に弓矢が上手で、また頼朝と心の隔たりのない者共」を選抜して頼朝のプライベート空間の極みである御寝所（ベッド・ルーム）を警護さ

せたということからしても、この十一人が後に「家子」とされたグループの原型にあたるのではないだろうか。頼朝の「家子」とは、御家人やその子弟の中から、特に頼朝と個人的に親しい者を選抜して作られたグループであり、頼朝個人の親衛隊とでも言うべきものではなかったか。

では、頼朝の家子の性格を知るために、特徴的な何人かを紹介しておこう。

○北条義時

義時は言うまでもなく頼朝の義弟である。

○結城朝光

結城朝光は頼朝の乳母の一人寒河尼《さむかわのあま》の子で、寒河尼の「昵近奉公《じっきんほうこう》（お側で働く）」させてやってほしいという願いにより、頼朝が自ら烏帽子親となって「朝」の偏諱を与え、「宗朝《むねとも》」と名乗らせた者（後、改名）である（『吾妻鏡』治承四年十月二日条）。実際、朝光はこの後、頼朝に近侍《きんじ》（貴人の側近くに仕えること）している（『吾妻鏡』養和元年閏二月二十七日条など）。朝光は頼朝に仕えた時十三歳であり、頼朝の小姓《こしょう》というべき地位にあった。

朝光の母寒河尼は八田宗綱《はったむねつな》の娘で、下野の大豪族宇都宮朝綱《うつのみやともつな》・常陸《ひたち》（茨城県）の大豪族八田知家《ともいえ》の姉妹にあたり、下野最大の豪族小山政光《まさみつ》の妻となり、朝光を生んだ。頼朝の乳母ではあるが、頼朝とは九歳違いであり、頼朝にとっては姉のような存在であったと考えられる。いわば、比企尼が頼朝の「心の母」であれば、寒河尼は「心の姉」であったと言えよう。頼朝と朝光は、このような私的関係で強固に結び付いていたのである。

○八田知重

寝所警護番の末尾に見える知重は八田知家の子であり、よって寒河尼の甥である。

○葛西清重

葛西清重は武蔵の大豪族豊島清光《としまきよみつ》の子で、自身も下総の大豪族であるが、自邸に宿泊した頼朝に妻を献じようとするという今日的な感覚からすれば異様なまでの行動をとっている（『吾妻鏡』治承四年十一月十日条）。

以上のことから、頼朝と家子たちとの精神的紐帯《ちゅうたい》は、現代の我々が想像するよりもはるかに強いものであったのではないだろうか。

○大友能直

寝所警護番メンバー以外では、相模の古庄能成《ふるしょうよししげ》の子で、頼朝の流人時代からの知己である中原親能《なかはらのちかよし》の猶子《ゆうし》（子供待遇）となった大友能直《おおともよしなお》も、結城朝光と並んで頼朝に近侍してお

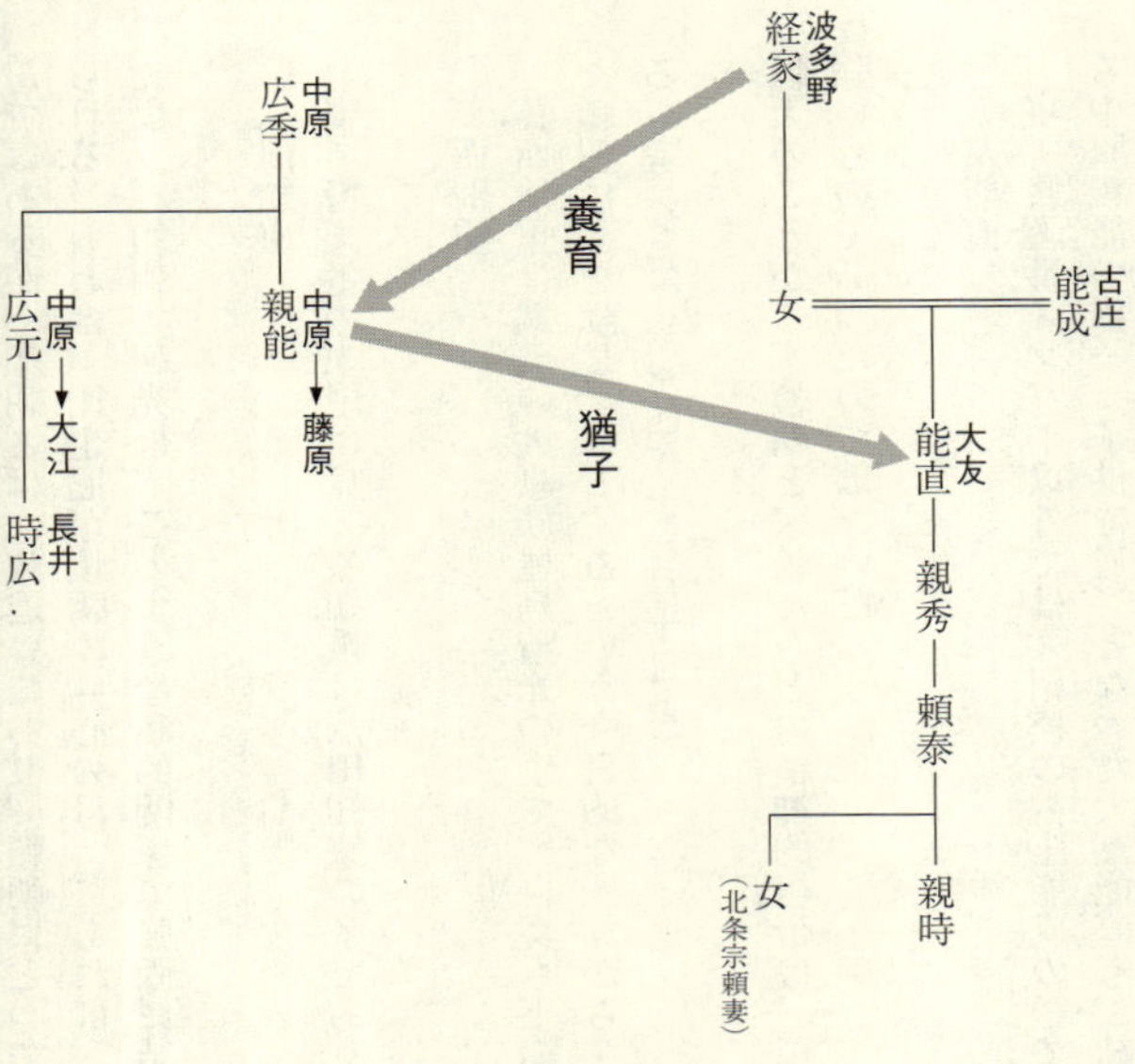

大友系図

り（『吾妻鏡』建久四年五月二十九日条など）、家子であった可能性が高いと思われる。能直は、島津《しまづ》・少弐《しように》（武藤《むとう》）と共に鎮西（九州）三強の大豪族となる大友氏の始祖である。

　親能は王朝の下級官人中原広季《なかはらのひろすえ》の子であるが、なぜか相模の武士波多野《はたの》経家《つねいえ》のもとで育ち、流人時代の頼朝と親しかった。ゆえに頼朝の関東制圧後に京から鎌倉に下向して、頼朝側近の文筆官僚（当時、「文士《ぶんし》」と呼ばれた）となった。そして経家の娘が能直の母なのである（ああ、ややこしい）。付言すれば、頼朝の側近として最も有名な大江広元《おおえのひろもと》は親能の異母弟で、当然、中原広元であったが、後に大江に氏をあらためたのである。親能も藤原に氏をあらためている。

○三浦胤義

さらに、相模の三浦義澄の子で、寝所警護番の一人である義連の甥にあたる胤義《たねよし》は、『三浦系図』（『続群書類従』「系図部」）に「頼朝卿《きょう》猶子たるなり」とあり、頼朝の猶子となっていたことがわかる。あるいは、胤義も家子に加えられたものであろうか。

初期鎌倉幕府のヒエラルキー

さて、鎌倉将軍は、室町将軍の奉公衆《ほうこうしゅう》や徳川将軍の旗本《はたもと》のような直轄の軍事力を事実上保有しなかった。

将軍御所の警護を任務とする役職である番衆《ばんしゅ》は将軍直属軍と言えようが、実際に将軍の軍事力として活動したことは、ほとんどない。特に宝治元年（一二四七）六月に起きた幕府の内戦「宝治合戦」で番衆が二百六十人も滅亡して以降は、将軍直轄軍としての色彩は、より稀薄になった。また、そもそも番衆は鎌倉中期以降に設置されたもので、頼朝とは直結しない。

結局、鎌倉将軍の軍事力とは、各御家人の有する軍事力の集合体であった。だが、頼朝が直属軍の形成を意図していなかったという確証もない。頼朝が将軍直属軍として育成しようとした存在、それが家子であったと推測することは可能であろう。

以上の解釈が正しいとすれば、先ほど紹介した『吾妻鏡』宝治二年閏十二月二十八日条のケンカの結末は、次のように解釈される。門葉である足利義氏は家子である結城朝光よりも本来は上位の位置づけにあった。しかし、この事件が起こった宝治年間には北条氏の権力はすでに確立されていた。足利氏が結城氏に対してあくまでも自家の優位を主張すれば、それは直《ただ》ちに次のような反論を受けたはずである。

「だったら、足利氏は「家子専一」の北条義時殿よりも上位にあったと言うんだな?」

だから、さしもプライドの高い義氏も、自分と朝光を対等とする裁定に異を唱えることはできなかった。幕府も正式に判決を下すことなく、義氏の顔を立てたのである。

義時が頼朝の「家子専一」であり、この「家子」が一般の御家人たる「侍」よりも上位に位置づけられていたとすると、これまでいろいろな解釈がなされてきた『吾妻鏡』におけるいくつかの奇妙な記事に対して一貫した解釈が可能となる。

①建久三年(一一九二)五月二十六日条

散歩していた「江間殿息童金剛殿」=泰時(当時十歳)の前を騎馬のまま行き過ぎた多賀《たが》重行《しげゆき》に対し、源頼朝は、

「礼というものは長幼によるべきではなく、その人によるべきものだ。中でも金剛のような

者はお前たちの同輩として扱ってはならない。どうして後日の評判を考えないのか（礼は老少を論ずべからず、かつがつ又その仁によるべき事か、なかんづく金剛の如きは汝等傍輩《なんじらぼうはい》に准《じゅん》ずべからざるの事也、いかでか後聞《こうぶん》をはばからざるや）」

と言い放ち所領を没収した。

数え年十歳、満年齢なら九歳、小学三年生、ちびまる子ちゃんと同い年の子供の前をいい大人が馬に乗ったまま通り過ぎたことを理由に、所領没収。「一所懸命（一ヵ所の所領に命を懸ける）」の武士としては、たまったものではない。しかも、頼朝は重行を庇った泰時には、これを褒めて褒美に剣まで与えているのである。

この話は「江間殿息童金剛殿」という表現やあまりに北条氏の優位を強調した内容から、捏造された話とする説もある。しかし、泰時が「家子専一」たる義時の嫡子であり、家子江間氏を継ぐべき者であったとすれば、「侍」多賀重行の行為は頼朝の構想していた鎌倉幕府の秩序に反するものである。頼朝のあまりと言えばあまりな怒りの原因も、ここにあったと解釈すれば、捏造を疑う必要はなくなる。

②正治《しょうじ》元年（一一九九）四月十二日条

頼朝が没した直後のことである。鎌倉殿（鎌倉幕府の棟梁の称号）の地位を継承した源頼家（十八歳）の執政を止めて、十三人の有力御家人による合議制（十三人合議制）がこの日成立した。合議制のメンバーの中で父子は時政・義時の北条氏のみなのであり、このメンバ

―がどのような基準で選ばれたのかいろいろな説がある。だが、時政・義時を父子としてとらえず、時政（北条氏）は将軍家の外戚《がいせき》（妻や母の実家）、義時（江間氏）は家子の代表とすれば、解釈が可能である。

③承元《じょうげん》三年（一二〇九）五月十二日条
侍所別当和田義盛の上総介《かずさのすけ》（上総は千葉県南部。上総は親王任国といって親王が守《かみ》になるので、介が他の国の守に相当する）推挙の是非について将軍実朝から相談されると、母北条政子は次のように答えた。
「頼朝公の時、侍の受領（国司、国守）任官は禁止するという決定がなされました。それなのに今、あなたがこのようなことを許可して、新しい例を始めるというなら、女の私が口出しすることではありませんね！（故将軍の御時《おんとき》、侍受領においては停止《ちょうじ》すべきのよし、その沙汰《さた》おはんぬ。よってかくのごときの類《たぐい》を聴《ゆる》され、例を始むるの条、女性《にょしょう》の口入《くにゅう》に足《た》らざるのむね）」

政子、カンカンである。母の剣幕に気圧《けお》された実朝は返事を返すこともできず、義盛の任官は沙汰止みになった。

ところがこの時点で、時政（遠江守。すでに牧氏の変で失脚）・義時（相模守）・時房（遠江守から駿河守を経て当時は武蔵守）の北条父子はすでに国司に任官していた。つまり、政子には自分の実家北条氏はただの「侍」ではないという意識があったことになる。通常、これは北条氏が将軍の外戚であったことで説明されるが、義時が家子であり、侍よりも上位にあったことも考慮に入れれば、より説得的になると思われる。

④承元三年十一月十四日条

義時が実朝に対し、自身の伊豆以来の「郎従」（家臣）である「主達《しゅだち》」を「侍に准ずべき」ことを申請した。自分の郎従を御家人に準ずる地位にしてほしいというのである。これは実朝によってあっさりと拒否されているが、そもそも義時の要求自体、かなり無謀なものであったと思える。しかし、③の政子同様、義時の側には自分は「侍」ではないという意識があったのではないか。もちろん将軍の叔父ということもあろうが、同時に自身が頼朝の「家子専一」であったことが、一見無謀な義時の要求の背景にあったと判断できる。

以上、頼朝期鎌倉幕府のヒエラルキーについて考察してきたことをまとめれば、次のようになる。頼朝は自身の下に結集した武士たちを門葉・家子・侍の三ランクに区分していた。門葉は源氏一門、家子は頼朝によって選抜された側近・親衛隊、侍はいわゆる一般の御家人である。

一般の武士団と比較すれば、門葉は惣領の血族である家子、侍は惣領と血縁を有さない家臣である郎従にあたるが、鎌倉幕府の家子は独自のもので、これに比定されるものは一般の武士団には認められない。強いて言えば室町将軍の奉公衆に近いと言えようが、奉公衆ほどには組織されておらず、人数も少数であったと考えられる。

門葉・家子・侍は鎌倉幕府の身分秩序であり、多賀重行の事件における対応からも、この上下関係を頼朝はかなり厳格に維持しようとしていたようである。しかし、一方で板垣兼信の例に見たごとく、実際の軍事・政治面にあっては、この身分秩序よりも個人の力量を重視することもあった。そのためもあってか、この身分秩序は頼朝の努力にもかかわらず、あまり後世に伝わらなかったようである。足利義氏と結城朝光のケンカのエピソードそのものが、門葉・家子・侍という言葉自体が宝治年間にはすでに廃《すた》れていたことを示しており、やがて鎌倉将軍の従者はすべて御家人として一括して認識されるようになる。

だが、「江間小四郎」義時が頼朝の「家子」、しかもその「専一」であったことは、義時が頼朝の義弟（妻の弟）であったという個人的関係と同等に、頼朝期鎌倉幕府および鎌倉武家社会において義時を特殊な、しかも高い地位に位置づけていたと推定されるのであり、これは頼家期以降の義時の覇権確立に至る最初の重要な根拠の一つであったと考えられる。

覇権への道

クソ親父！　オレたちを騙して、ダチを殺させたな！

（『吾妻鏡』元久二年六月二十三日条で二俣川合戦から帰った義時が時政に浴びせた言葉の意訳）

何もしない人

ここで、義時の鎌倉幕府における政治的地位の変化を概観しておこう。

治承四年（一一八〇）八月十七日の頼朝挙兵まで、義時は吹けば飛ぶような田舎武士団北条氏の庶子であり、その将来は兄宗時の家子以外にありえなかった。よって、義兄頼朝挙兵以後の運命は、義時自身の予想だにしていなかったものであったはずである。

頼朝の挙兵直後、義時はヒドイ目にばかり遭っている。山木攻めこそ勝利したものの、六日後の石橋山合戦で頼朝軍は大敗。壊滅的な打撃を受け、生き残った者共は、ちりぢりになって敗走した。北条父子は時政・義時と宗時の二手に分かれて逃げたが、宗時が討死したことは、すでに述べた。時政・義時は命からがら土肥郷まで逃れ、二十七日、安房（房総半島先端）を目指して船出した。二十九日、安房で頼朝らと合流。サンザンな目に遭い、やっとひと心地ついたばかりと言ってよい九月八日、義時は時政と甲斐（山梨県）に派遣された。頼朝から時政が自立勢力だった甲斐源氏との同盟締結を命じられたためである。どのようなルートを辿ったかは不明であるが、いずれにしろ平氏方の武士がウヨウヨする中を進むのである。

ところが、命懸けの任務の割に、この甲斐行きにおける義時の役割は軽い。そもそも『吾妻鏡』では、九月八日条には時政の名しか出ておらず、以後も十五日・二十日・二十四日と時政しか出て来ず、十月十三日条になって、やっと「北条殿父子」、つまり時政・義時が甲斐源氏と共に駿河（静岡県中部）に向かったとの記事があって、義時が時政に同行していたことがわかる始末なのである（以上、『吾妻鏡』各日条）。

平氏滅亡後の文治元年（一一八五）十一月二十五日から翌二年三月二十七日まで京都に滞在して王朝との交渉をおこなうなど、時政が交渉事に長《た》けていたことは、よく知られており、甲斐源氏との折衝も当時四十三歳の時政が担《にな》ったと判断される。十八歳だった義時の役割は、石橋山敗戦後の逃走時と同じく父のボディ・ガード以上のものではなかったようである。「いざとなったら、父の盾となって死ね」ということだ。使い捨てでもよかったとまでは言わないが、苦労に比して報われない立場である。

頼朝の鎌倉入り後も、北条氏自体は鎌倉殿外戚として伊豆時代とは比較にならない地位を築きながら、父時政の義時への庶子待遇に変化はなかった。その一方で、頼朝からは「家子専一」、つまり親衛隊長とでもいうべき側近の地位を与えられた。

これが頼朝時代の義時の公私における立場であった。しかし、この時期、義時はエピソードらしいエピソードをほとんど残していない。源平合戦では、源範頼・義経を総大将とする鎌倉軍の幕僚に加えられており、他の御家人たち同様に辛酸を舐めたことであろうが、戦場での武功も無く、占領地行政の面でも活躍した様子はまったく見られない。頼朝が最後に残った敵である奥州藤原氏を滅ぼした文治五年（一一八九）秋の奥州合戦でも同様である。

この時期のエピソードとしては、わずかに『吾妻鏡』が記す次の話があるくらいである。

義時二十歳の寿永《じゅえい》元年（一一八二）十一月、頼朝は「御寵女」、つまり愛人である亀前という女性を伏見広綱という者の家に住まわせて通っていた。当然、政子には秘密である。ところが、これを嗅ぎつけた牧方が政子に知らせてしまった。激怒した政子は牧方の父牧宗親に命じて、広綱邸を襲わせ「破却」、ようするにブチ壊させたのである。広綱は亀前を連れて命からがら逃げ出し、三浦一族の大多和《おおたわ》義久の家に亀前を避難させた。これが、十日の話。

十二日、義久邸を訪れた頼朝は、衆人環視の中で宗親を面罵し、自ら宗親の髻《もとどり》（髷《まげ》のこと）を切ってしまった。これは、現代で言えば、人前でいい大人のズボンとパンツを下ろし尻を叩いたような辱めである。宗親は泣きながら逃げて行った。

ところが今度は、この話を聞いた北条時政が怒った。なぜならば、宗親は時政が愛して止まない牧方の父、時政にとっては舅、義父だからである。十四日の夜、時政は頼朝に挨拶もないまま、伊豆に帰ってしまった。ストライキである。これを聞いた頼朝は慌て、家子の一人である梶原景季に、

「義時は穏やか（穏便）なヤツだから、父の軽挙に従わず、家にいるはずだ。見てこい（江間《（義時）》は穏便の存念あり。父たとひ不義の恨みを插《さしはさ》み、身の暇を申さずして下国すといへども、江間は相《あひ》従はざるか。鎌倉に在りや否や。たしかに相尋ぬべし）」

と命じた。景季が帰って来て、

「義時殿はいましたよ（江間は下国せざるのよし）」

と報告したところ、頼朝は、また景季を義時邸に派遣し、わざわざ義時を幕府に呼び出し

た。そして義時がやって来ると、父についてゆかなかった義時を、

「おまえはきっと将来、我が子孫を守ってくれるにちがいない（定めて子孫の護りたるべきか）」

とまで褒めちぎり、

「後で恩賞を与えよう（今の賞、追って仰せらるべし）」

と約束した。義時は、

「恐縮です（畏《おそ》れたてまつる）」

とだけ言って、家に帰った。おそらく寝たであろう。


ようするに、浮気が元で起きた夫婦ゲンカに端を発するバカバカしい家族のモメ事である。義時もそう思ったのではないか。

ところで、頼朝時代の数少ないエピソードであるこの話でも、義時は何もしていない。夜、家にいたら、呼びつけられて褒められただけである。

むしろ、この積極性のなさが、義時の人生の特徴である。本人は何もしていないのに、まわりで大騒ぎが起こり、義時が巻き込まれるというのは、そもそも頼朝挙兵にも通じるが、同じようなことが、この後も何度も何度も繰り返されるのである。

陰惨な権力闘争

義時三十七歳の正治元年（一一九九）正月十三日、源頼朝は五十三歳で没した。

鎌倉殿の地位はただちに十八歳の頼家に継承されたが、前述したように同年四月十二日、十三人合議制が成立し、若い頼家は執政を止められた。義時は父と共に、この合議体のメンバーとなった。カリスマ性豊かな指導者を失った鎌倉幕府は、懸念される混乱を集団指導制によって回避しようとしたのである。

しかし、頼朝という重石を失った幕府は、激烈な内部抗争の時代を迎える。幕政の主導権を巡って有力御家人たちが源氏将軍家を巻き込んで権力闘争を繰り広げたのである。この「御家人間抗争《ごけにんかんこうそう》」は正治元年八月の安達景盛《あだちかげもり》討伐未遂事件から建保元年（一二一三）五月の和田合戦まで十四年に及び、源平合戦の戦友たちが殺し合った。陰惨な抗争の連続したこの時期は、鎌倉幕府史上でも最も悲惨な時代であったと言うことができる。そしてまさに血で血を洗うこの抗争の勝利者こそ、北条義時なのである。

以下に、抗争の経過をざっと見てみよう。

①正治元年（一一九九）八月　安達景盛討伐未遂事件

流人時代から頼朝に仕えていた安達盛長《もりなが》の嫡子景盛の愛人を頼家が奪い、さらに景盛がこれを怨んで反乱を企てているとして、その討伐を命じた。軍勢が召集され、鎌倉は合戦寸前の事態となったが、北条政子が自ら襲撃されようとしている安達邸に乗り込み、命懸けで頼家を諫めたため、討伐は中止された。

頼朝薨去《こうきょ》（皇族・公卿が亡くなること）からわずか七ヵ月であるが、これが抗争の時代の幕開けとなった。

②正治元年十・十一月　梶原景時《かじわらかげとき》弾劾事件

侍所所司《しょし》（次官）梶原景時は、源義経《よしつね》を讒言によって陥れたことで知られる。頼朝の側近であったが、世間的には「虎の威を借る狐」と言った方がよいだろう。十三人合議制のメンバーでもあったその景時が、頼家に頼朝の家子結城朝光を讒言した。頼朝を慕うあまりに朝光が口にした「忠臣は二君に事《つか》えず」という言葉をとらえて、頼家への反意を示すものと告げ口したのである。これを知った御家人たちは朝光救援に立ち上がる。その数、実に六十六人。弾劾を受けた景時は失脚し、本領である相模国一宮《いちのみや》に逼塞した。

③正治二年正月　梶原景時滅亡

かつて頼朝と決裂した義経がそうしたように起死回生のチャンスを王朝に見出そうとした景時は京都を目指した。しかし、駿河国（静岡県中部）清見関《きよみのせき》で地元武士と遭遇戦となり、一門と共に滅亡した。

④建仁元年（一二〇一）四・五月　越後城氏の乱

平安時代以来、越後（新潟県）で強勢を振るっていた城氏は、源平合戦期に平氏方についたため衰退し、その後、御家人となっていた。その城氏が反乱を起こし、幕府軍によって鎮圧された。

⑤建仁三年五・六月　阿野全成誅殺事件
　頼朝の異母弟阿野全成《あのぜんじょう》は北条時政の女婿となっていたが、反意ありとして頼家の命令により逮捕され、配流の後、殺害された。

⑥建仁三年九月　比企の乱
　頼朝の乳母比企尼の一族比企能員《よしかず》は、頼家の妻若狭局《わかさのつぼね》の父であり、その権勢は強大であった。頼家が重病で危篤となったことを好機とした北条時政は自邸に能員を誘い出して暗殺。同時に義時を先頭とする御家人たちの軍勢が若狭局の生んだ頼家の嫡子一幡《いちまん》の館《やかた》「小御所《こごしょ》」を襲い、立て籠もっていた比企一族は若狭局・一幡と共に滅亡した。比企氏滅亡の後に回復した頼家は抵抗を試みたものの失脚し、伊豆国修禅寺に幽閉され、弟実朝が十二歳で三代将軍となった。この事件によって、時政は大江広元と共に政所別当に就任し、一挙に幕府の最高実力者となった。

⑦元久元年（一二〇四）七月　源頼家暗殺
　時政の命により、修禅寺の配所で頼家が殺害された。陰嚢《いんのう》をつかみ首を絞めたうえで刺殺するという惨殺であった（『愚管抄』六）。

立ち上がる義時

陰惨な事件の連続であるが、ここまでの一連の事件でも、義時は積極的に行動した様子が見られない。比企の乱では、たしかに小御所攻撃軍の大将となっているが、この事件での主役は言うまでもなく時政であり、義時は父の駒の一つであったというべきであろう。

義時が初めて自己の意志を示すのは、次の事件である。

⑧元久二年（一二〇五）六月　二俣川《ふたまたがわ》合戦（畠山合戦）

時政とその後妻牧方が武蔵国秩父党実力者畠山重忠《しげただ》の謀反《むほん》が発覚したとして、義時・時房らに重忠討伐を命じた。重忠は時政の娘婿であり、よって義時たちにとっては義理の兄弟である。重忠謀反を信じかねた義時らは、

「実否を確認してから行動しても遅くはない（犯否《ぼんぷ》の真偽を糺《ただ》すの後にその沙汰あるも、停滞すべからざらんか）」

と主張した（『吾妻鏡』元久二年六月二十一日条）が、時政・牧方に押し切られ、大将として大軍勢を率いて鎌倉を出陣した（六月二十二日条）。義時たちにしても、重忠謀反が事実であれば、戦わざるを得ない。

しかし、武蔵国二俣川で義時らと対峙した重忠の軍勢は、わずか百三十四騎。多勢に無勢の重忠は討たれた。重忠ほどの者が謀反を計画していたなら、このような少勢であるはずは

なく、呆気ない滅亡自体が重忠の無実を示していた。一歳違いの義弟の首を見て泣いた義時は、鎌倉に帰ると時政を糾弾した。

「重忠の弟や親戚はほとんど他所《よそ》にいた。重忠に従って戦場に来た者は、たった百人ばかり。だから、重忠が謀反を企てていたなんて、ウソだ。讒言によって殺されたのなら、かわいそうでならない。斬られて陣に持ち込まれた首を見て、仲良くしてきた長い間のことを思い出し、オレは涙が止められなかった（重忠が弟・親類は大略《たいりやく》もって他所《たしよ》にあり。戦場に相《あい》従ふの者、わずかに百余輩《ひやくよはい》なり。しかれば謀反を企つる事、すでに虚誕《きよたん》たり。もしは讒訴によって誅戮《ちゆうりく》に逢《あ》へるか。はなはだもって不便《ふびん》。首を斬りて陣頭《じんとう》に持ち来《きた》る。これを見るに、年来合眼《ねんらいごうがん》の昵《むつみ》を忘れず、悲涙《ひるい》禁じがたし）」（『吾妻鏡』元久二年六月二十三日条）

大胆に意訳すれば、

「クソ親父！　オレたちを騙して、ダチを殺させたな！」

ということである。ここに我々は、初めて北条義時という人の意志を持った言葉を聞いたのである。それは、非業の最期を遂げた友を悼む怒りの言葉であった。

実際、重忠の無実を知った御家人たちの怒りは凄《すさ》まじく、時政と結んで重忠を陥れた彼の従兄弟《いとこ》稲毛重成・榛谷重朝兄弟は子息たちと共に虐殺された。

比企能員に続いて、相模と共に鎌倉幕府の本拠地と言うべき武蔵の実力者畠山重忠を葬った時政であったが、この事件は彼の失脚のきっかけとなったのである。

⑨元久二年閏七月　牧氏の変

時政は二俣川合戦の結果に焦りを感じたらしい。墓穴を掘ることになる。

時政・牧方夫妻が牧方の生んだ娘の婿である清和源氏義光流の京都守護平賀《ひらが》朝政《ともまさ》を将軍に立てようと実朝謀殺を企てていたことが発覚。実朝の母政子の命を受けた御家人たちが時政邸より実朝を連れ出した。実朝は義時邸に入り、時政夫妻は孤立。時政は失脚し、出家のうえ伊豆北条に追放された。策士が策に溺れすぎたのである。時政・牧方夫妻によって四代将軍に予定されていた平賀朝政は京都に討たれた。父を駆逐した義時は、この事件を契機に時政に替わり大江広元と共に政所別当に就任した。

⑩元久二年八月　宇都宮頼綱討伐未遂事件

時政のもう一人の女婿、義時の義弟である下野の豪族宇都宮頼綱が謀反を計画していると して義時が討伐を命じた。牧氏の変の余塵である。しかし、頼綱追討を命じられた下野最大の豪族小山朝政《ともまさ》は、「頼綱とは親戚として仲良くしているから（叔家《しゅくけ》の好《よしみ》あり）」（朝政の母寒河尼が頼綱の大叔母）というおよそ理由にならない理由で、これを拒否。小山氏の仲介により、頼綱は出家し、義時に切り落とした髻（髻）と共に恭順を誓う誓詞を提出したため、討伐は中止された。

六年間に連続したこれらの抗争事件の結果は、長い間、父時政の意のままに動いていた義時を幕政指導者の地位に就かしめたのである。以後、将軍実朝とその母政子を擁した義時は、頼朝以来の政所別当大江広元、頼朝の流人時代からの近臣安達盛長の息子景盛らをブレーンとして幕府を運営してゆくこととなる。
抗争はここでいったん終結し、八年にわたり表面的な平和が訪れる。

さらなる抗争

義時が目指したのは、幕府中枢への権力集中であった。典型的な政策は承元三年（一二〇九）十一月に導入しようとした守護交代制である。しかし、守護交代制は下野小山・下総千葉・相模三浦の三大豪族の反対を受けて中止された（同年十二月）。このことでもわかるように、義時の権力集中方針は反発を生んだようである。

そもそも宇都宮頼綱事件における小山氏の動きが、義時への反発をうかがわせる。小山朝政は義時の面前で頼綱討伐を命じられたのである。それは形式上とはいえ、将軍実朝（十四歳）の命令であった。これを朝政は「親戚で仲が良いから」という理由にならない理由で拒絶し、逆に宇都宮頼綱の救援に動いたのである。頼綱は小山氏の助言により、出家して髻と誓詞を義時に提出したのである。この一連の動きの中で、小山朝政の意向を『吾妻鏡』は一言も伝えていないが、それは、つまり次のようなことであろう。

「オレの説得で頼綱は髻まで、あんたに差し出しましたよ、義時殿。頼綱が、ここまでしても、それでも、あんたが頼綱を許さないと言うのなら、オレのメンツも丸潰れ。それなら、それで、こっちにも考えがありますぜ」

一方、下野の大豪族宇都宮氏討伐を同じ下野最大の豪族小山氏に命じた義時の戦略は、「宇都宮を倒すには小山も大きな犠牲を払うことになろう。討伐に成功すれば、もちろん小山に恩賞を与えねばならないが、それは、どうとでもなる。共倒れになってくれれば、なおよい」

というものであったのではないか。父時政ばりの陰険な作戦であるが、小山は乗せられなかったのである。そして小山の動きの裏にある意志を知った義時も矛を収めたのであった。

義時からすれば、頼朝のようなカリスマ性を期待できない、若いというより幼い実朝を担いでゆく以上、幕府政治の安定のためには、幕府中枢に制度的に権力を集中するしかないと考えたのであろう。だが、この政策は最初から反発を生んだのである。そして反義時の中心として期待されることになったのは、侍所別当和田義盛であった。

⑪建保元年（一二一三）五月　和田合戦

和田氏は相模最大の豪族三浦氏の分家であるが、義盛は頼朝鎌倉入り直後の治承四年（一一八〇）十一月七日に初代侍所別当に任命された。建保元年当時は六十七歳であり、幕府では宿老というべき地位にあった。ちなみに義時は十六歳下で、同年五十一歳である。当時、三浦の惣領は、義盛の従兄弟である三浦義村であった。義村の年齢は不明であるが、母方の従兄である義時より五歳くらい年下であったと考えられる。この推定年齢が正しければ、従兄弟とは言え、和田義盛と三浦義村は父子ほども年齢がへだたっていたことになる。しかも、義盛は頼朝以来の宿老であり、義盛の勢威は惣領義村を凌いでいたらしい。実際、『愚管抄』六は義盛について「義盛左衛門ト云《いふ》三浦ノ長者」と記しているのである。

さて、建保元年である。二月十六日、信濃（長野県）の住人泉親平という者が頼家の遺児を奉じて謀反を計画していたことが発覚した。一昨年以来の計画で張本百三十余人・伴類《ばんるい》（与党）二百人に及ぶという大規模なものであった。そして逮捕された首謀者の中に義直《よしなお》（義盛の子）・義重《よししげ》（義盛の子）・胤長《たねなが》（義盛の甥）の和田一族三名が含まれていたのである。

三月八日、上総にあった義盛は鎌倉に駆けつけ、実朝（二十二歳）に直談判《じかだんぱん》して、頼朝期以来の自分の功績を述べ、実朝から子息義直・義重の赦免を勝ち取った。

さらに翌九日、義盛は和田一族九十八人を率いて将軍御所に参上し、甥胤長の赦免を願った。しかし、義時は胤長を縛り上げて居並ぶ一門の面前を連行するという義盛以下和田一門の神経を逆なでするマネを敢えておこなった。

さらに、十七日に陸奥《むつ》に配流された胤長の鎌倉屋敷はいったん二十五日に義盛に与えられたのであるが、四月二日にあらためて義時に与えられ、義時は即座に配下を派遣して、すでに入居していた義盛の代官を叩き出させた。

義時は謀反計画の規模の大きさを知って、和田義盛との対決は避けられないと腹を括り、挑発行為を繰り返したと考えられる。宇都宮事件で垣間見せた陰険ぶりを大いに発揮したのである。

義盛は五月三日に挙兵することを決意し、準備を進めた。ところが、共に戦うことを約束し、起請文（神仏に誓う誓約書）まで書いていた三浦義村・胤義兄弟が裏切り、挙兵予定前日の五月二日、義盛の謀反を義時に密告したのである。前述したように和田義盛と三浦嫡流である義村との関係はギクシャクしており、義村にしてみれば、父方の従兄である義盛より、母方の従兄である義時の方が親近感があったのかもしれない。義時はこのような三浦氏内部の溝につけ込んだともいえよう。

二日申《さる》の刻《こく》（午後四時頃）、追い詰められた義盛は予定の軍勢が整わぬまま兵を挙げ、将軍御所を襲う。「和田合戦」の勃発である。これより翌三日酉《とり》の刻（午後六時頃）まで、鎌倉は幕府創立以来初めての壮烈な市街戦の戦場と化した。和田方は将軍御所に攻め入り、これを炎上させて、実朝を御所から避難させるなど奮戦したが、作戦のくるいが最後まで響き、敗退。和田一族、武蔵横山党、相模の土屋・山内・渋谷・毛利・鎌倉など幕府の本拠地である南坂東を中心に多くの有力武士団が和田方として滅亡、あるいは没落した。

三浦兄弟の寝返りもあり、この大勝負に、からくも勝利した義時は政所別当に加えて、義盛の就いていた侍所別当をも兼ねる。政所別当と侍所別当を兼ねる役職、これこそが執権職である。

自らの手を多くの戦友たちの血で染めて、義時は正治元年（一一九九）以来十四年に及んだ抗争の最終勝利者となった。

実朝と義時

和田合戦以後、鎌倉幕府には、青年将軍実朝のもとで六年弱の短い平和が訪れる。この頃のエピソードを紹介しておこう。

建保六年（一二一八）三月六日、実朝（二十七歳）は武官の最高官職というべき左近衛大将に任官した。それで六月に鶴岡八幡宮に拝賀《はいが》に行くことになった。拝賀とは王朝貴族が官職で昇進した時、天皇・上皇以下のお世話になった人々を訪れる儀式である。しかし、実朝は鎌倉に住んでいるので、鶴岡に拝賀に行くのである。行くと言っても、一人でプラッとお参りするのではない。身分に合わせて、お供が行列を組んでニギニギしく行進するのである。実朝の位階はこの時、正二位《しょうにい》であり、すなわち公卿《くぎょう》という最高級貴族の一人であったから、行列にもそれなりの身分の人が加わらなければならない。

そこで京都から人が呼ばれたのであるが、この中に大江広元の次男長井《ながい》時広《ときひろ》がいた。時広は朝廷に仕えており、五月十七日、天皇に近仕する蔵人《くろうど》に任官したばかりであった。六月十四日、鎌倉に到着した時広は、二十七日の拝賀で殿上人《てんじょうびと》（天皇が日常生活を送る清涼殿《せいりょうでん》に昇ることを許可された人）十人の筆頭として無事任務を果たした。そして八月二十日、時広は実朝の側近二階堂行村《にかいどうゆきむら》を通じて、「禁裏《きんり》（皇居）奉公」、つまり天皇にお仕えするために帰京することの許可を実朝に願い出たのである。時広は以前から検非違使《けびいし》（京都の治安維持を任務とする官職）になりたいと思っていたのであるが、まだ検非違使に任じられるだけの年功を積んでおらず、したがって今回の鎌倉下向は時広としては臨時のつもりだったのである。

ところが、行村から時広の帰京願いを聞いた途端、実朝は激怒して次のように言い放った（『吾妻鏡』同日条）。

このあいだ蔵人に加えられて、鎌倉に下向した以上、もう決して京都に戻って朝廷に仕えたいなどと考えてはならないのではないか。時広の言動は、まるで幕府を見下しているようだ。その心根は、まことに疑わしい（先日、すでにその号を仙籍に交へ、下向の上は、あながちに還り参るを好むべからざるか。所存の企、関東を褊《さみ》するに似たるなり。心中、殊に不審）。

直訳すると、どうもニュアンスが伝わりにくいので、意訳してみる。

「蔵人になって鎌倉に来たんだから、もう京都に帰りたいなんて思ってはならんのだ！　幕府、ナメてんのか?!　どういうつもりだ?!」

実朝のあまりのカンカンぶりに、行村は額《ひたい》を床にこすりつけたまま一言もなく退出した。行村にしてみれば、時広の言葉を伝達しただけなのに、いい迷惑である。行村から実朝の言葉を伝えられた時広は、驚き慌て、

私は決して幕府より朝廷を重んじているのではありません。前から検非違使になりたいと望んでいて、そのための朝廷への奉公をいまだ果たしていませんでしたが、実朝様の

御拝賀の前駈《まえがけ》を勤めるために、急に関東に参ることになったので、朝廷ではまだ私の籍を除いていないはずです。なんとかお許しを戴いて、朝廷への勤めを果たし希望を達したなら、すぐに幕府に参上し、日夜、お側で忠義を尽くす所存です（愚存、更に京都をもって宗となすにあらず。望みを廷尉に懸けるといへども、労、いまだ至らざるの刻《きざみ》、御拝賀の前駈を勤めんがため、白地《あからさま》に下向するのあいだ、いまだ籍を除かれざるか。枉《まげ》て恩許を蒙り、前途を達するの後、即ち参向せしめ、夙夜《しゅくや》の忠を抽《ぬき》んずべし）。

という自分の言葉をもう一度実朝に伝えてほしいと行村に頼んだ。しかし、とばっちりで恐い目にあった行村は「無理！（重ねて披露せしめがたし）」と言って、部屋を出て行ってしまった。よっぽど実朝が恐かったとみえる。

困り果てた時広は翌日、義時（五十六歳）を訪ね、泣きながら（本当に「泣」と『吾妻鏡』に書いてある）実朝への取りなしを頼んだ。そこで義時が実朝のところに行って頼んだところ、あっさり許可が出て、時広はめでたく京都に帰ることができたのであった。

和田合戦の前にも、似たような話がある。

建永元年（一二〇六）であるから、二俣川合戦・牧氏の変・宇都宮頼綱事件が連続した翌年である。実朝は十五歳、義時は四十四歳。下総千葉氏の一族東重胤は「無双《むそう》の近仕《きんじ》（並ぶ者なき近臣）」と言われる実朝の近臣であったが、急に地元に帰ってしまい、そのまま数ヵ月も鎌倉に戻って来なかった。実朝は、和歌を詠《よ》んで送り、重胤に早く帰るように伝えた。

それでも重胤はなかなか戻らない。そして実朝の怒りが蓄積した十一月十八日、重胤はノコノコ鎌倉にやって来たのである。実朝の憤懣は爆発し、重胤は謹慎処分をくらった。一ヵ月以上謹慎生活を過ごした重胤は、十二月二十三日、義時を訪ねて、窮状を訴えた。すると、義時は、

宮仕えしていれば、こういう災難に遭うのは、よくあることだよ（これ始終の事にあらずや。およそかくのごときの殃《わざわい》に逢ふは、官仕《かんし》の習《ならい》なり）。

と重胤をなぐさめ、「和歌を献上すれば、きっとご機嫌がなおるぜ（ただし詠歌を献ぜば、定めて快然《かいぜん》たらん）」とアドバイスした。そこで重胤が和歌を作ったところ、よくできていたので、義時は重胤を連れて将軍御所に行き、まず重胤を門外に待たせて一人で、実朝に対面して、重胤の和歌を示し、

かわいそうだから、許してあげたら？（重胤愁緒《しゅうしょ》の余りに述懐《じゅっかい》に及ぶ、事の体《てい》、不便《ふびん》）

と言った。実朝は重胤の和歌を三度声に出して詠んだ後、重胤を召して、下総での日々について尋ねた。つまり、許したわけである。

この二つの挿話、ただのおもしろい話として読んでも楽しめると思うのだが、それだけで

なく、実朝期の幕府の様子や実朝と義時の関係について、いろいろ示唆的である。

まず、和歌をたしなんだことが有名で、しかも若くして暗殺という非業の最期を遂げたことから、「おとなしくて、かわいそうな将軍」というイメージが広まっている実朝が、けっこう短気で恐いということである。東重胤の事件は子供のカンシャクであるが、長井時広の事件における実朝の発言は、たいへん興味深い。「所存の企、関東を編《さみ》するに似たるなり（幕府、ナメてんのか?!）」という言葉には、実朝の「我が鎌倉幕府は決して朝廷に比して劣るものではない」という不遜ともとれるほどの自負が、はっきりとあらわされている。実朝は鎌倉幕府を朝廷に比肩するものであり、またそうあらねばならぬと考えていた。そして、その幕府の主《あるじ》の自覚と自信を持っていたのである。

「気の強い母政子と実権を握る叔父義時に頭を抑えつけられ、芸術の世界に心を慰めるしかなかった将軍」という印象のある実朝であるが、実際の姿は、なかなかどうして堂々たるものである。

そして実朝と義時の関係もマリオネットとその操者といった単純なものではなかったこともわかる。政子は実朝にとって、「鎌倉殿家子」のところで掲げた承元《じょうげん》三年（一二〇九）五月十二日条のエピソードからしても、たしかにうるさい母親だったかもしれないが、実朝と義時の間には信頼関係が築かれていたと言うことができる。頼朝のようにナンでもカンでも自分でやっていたわけではなく、実際の政務の多くは義時たちに任せていたが、実朝は鎌倉将軍として振る舞っていたのである。むしろ、父のように、自分でアレコレやる必要がなかったといえよう。

さらに、父時政と並んで「陰険」「腹黒い」と評判が悪く、実際、そう言われても仕方のない行動もとっている義時であるが、けっこう親切なところもあったことがわかる。時広にしても重胤にしても、「知らねェ〜よ」と門前払いしてしまってもよかったものを、世話を焼いてやっている。これもまた義時という人の一面なのである。

実朝が長寿を保ち、子孫を残していれば、鎌倉幕府の歴史、そして北条氏の運命は、かなり違ったものになったはずである。

承久の乱

頼朝公が恩賞として任命なされた地頭は、たいした罪もないのに解任することはできない。

（『吾妻鏡』承久三年五月十九日条意訳）

代打の将軍

和田合戦から六年の後、承久元年（一二一九）正月二十七日、突如、草創以来最大の危機が鎌倉幕府を襲う。

右大臣任官の拝賀のため参詣した鶴岡社頭で、実朝が兄頼家の遺児である鶴岡別当《べっとう》公暁《くぎょう》によって暗殺され、公暁もまた殺害されたのである。源氏将軍家は三代にして滅亡した。

この事件の背景は古来諸説があって今に至るも判然としない。だが、これが頼朝薨去以来の抗争の結果であったことは明らかであろう。

言えることは、この事件が鎌倉幕府を苦況に陥らせ、承久の乱の遠因となったということである。北条氏にとっても、政子の生んだ実朝は自らの最大の権力基盤であった。同じ政子の子であっても、比企氏に取り込まれていた頼家とは違う（実朝の乳母は政子の妹阿波《あわ》局《つぼね》）。それに比企の乱の時の実朝のような次の駒を、実朝暗殺の時点では北条氏は持っていなかったのである。実朝暗殺の黒幕が義時ら北条氏であったとは考えにくい、と私は判断している。

主を失った鎌倉幕府は、朝廷の最高権力者である後鳥羽院（上皇）に皇子の関東下向を願い出た。しかし、頼朝没後ここ二十年の混乱とその末の将軍家断絶を鎌倉幕府の弱体化と判断した後鳥羽は皇子下向をにべもなく拒絶。さらに寵愛する舞女亀菊の所領摂津国（大阪府）長江荘・倉橋荘の地頭罷免を命じる院宣《いんぜん》（上皇の命令書）と宣旨《せんじ》（天皇の命令を伝達する文書の一種）を発給した（『吾妻鏡』承久元年三月九日条・同三年五月十九日条）。

古代・中世の日本には「土地そのものを与える・奪う」という発想が、そもそもなかった。であるから、「所領（土地）を与える」ということは、実際には「その土地における権益を与える」ということであった。地頭とは、わかりやすく言えば、私有地（荘園《しょうえん》など）の管理人の役職の一つである。頼朝は自分の家臣である御家人に「所領を与える」時、その土地の地頭職《じとうしき》に補任《ぶにん》（任命）するという形をとったのである。後鳥羽は頼朝から長江荘・倉橋荘の地頭に補任された御家人をクビにしろというのである。主なき鎌倉幕府の瀬踏みをしたのである。

しかし、義時は、

頼朝公が恩賞として任命なされた地頭は、たいした罪もないのに解任することはできない（幕下将軍《（源頼朝）》の時、勲功《くんこう》の賞に募《つの》り定補《じょうほ》せらるるの輩《ともがら》、指《さ》したる雑怠《ぞうたい》無くして改めがたし）。

として後鳥羽の命を拒否（『吾妻鏡』承久三年五月十九日条）。三月十五日、義時の弟時房の率いる千騎の軍勢が京都に入った。

そして七月十九日、頼朝の姉の曾孫にあたる最上級貴族、摂関家九条家の子三寅《みとら》が将来の将軍として鎌倉に迎え入れられた。後の四代将軍藤原（九条）頼経であるが、この時、数え年の二歳。実際には、前年正月十六日生まれの満一歳七ヵ月（承久元年は閏月がある）の赤ん坊であった。政子は、これより三寅の後見となり、事実上の将軍の役割を果たすこととなる。すなわち、これが世に言う「尼将軍」である。

強気の後鳥羽に千騎の軍勢をもって対抗した末に、義時たちが担ぐことの出来たのは、「頼朝様と血縁がある」と言っても抗弁にしか聞こえないような三寅であった。ここに、当時の幕府の苦境を見ることができよう。そして鎌倉下向までのいきさつからすれば、三寅はしょせん「代打の将軍」であった。

一方、今こそ倒幕の好機と見た後鳥羽は、これまであった北面の武士に加え、新たな院の武力として西面の武士を創設するなど、軍事力の増強に努め、実力による幕府打倒に向けて着々と歩み出した。

御家人の守護者として

かくて承久三年（一二二一）五月十五日、たった四歳、しかも四月二十日に父順徳より位を譲られたばかりの仲恭天皇（後鳥羽の皇孫）の命を奉じる形で北条義時追討の宣旨が発給された。承久の乱の始まりである。

後鳥羽のうまいところは、倒幕とはいわず、義時の追討のみを命じたところである。追討宣旨は義時が幼少の主三寅を傀儡として「思うままに天下の政務を執り、権勢を振るい、まるで天皇の権威を忘れたごとくであって、これは最早謀反というべきだ（恣《ほしいまま》に裁断を都鄙《とひ》に致し、剰《あまつさ》え己《おのれ》の威を耀《かがや》かし、皇憲を忘るるがごとし、これを政道に論ずるに謀反と謂《い》ふべし）」と義時の非を鳴らして、「諸国庄（荘）園守護人地頭等」、つまり御家人を含めた全国の武士に義時打倒を命じている（『小松美一郎氏所蔵文書』）。この宣旨によって幕府が義時派と反義時派に分裂して内戦を起こし自壊することを狙ったわけである。

宣旨発給当日、後鳥羽は軍勢を二人いる京都守護のうち伊賀光季に差し向けた。京都守護は当時の京都における幕府代表の役職であるが、もう一人の源親広が京方に参じたのに対し、光季は後鳥羽の誘引を拒んだため襲撃され、衆寡《しゅうか》敵せず、十四歳（つまり中一）の子息や家臣たちと共に滅ぼされた。承久の乱は京方によって戦端が開かれたのである。

宣旨発給・京方挙兵の報は、五月十九日鎌倉に達し、早速、政子・義時以下によって対策会議が開かれた。政子が声涙《せいるい》倶《とも》に下《くだ》る熱烈な演説をしたというのは、この時である。だが、実際には政子は簾中《れんちゅう》（御簾《みす》〈スダレ〉の内側）にあり、その言葉は安達景盛によって人々に伝えられたのであった。それはそうなのである。政子は女性であり、しかも位階は従二位《じゅにい》という最上級貴族であった。おいそれと誰にでも姿を見せたり、話ができたりする身分ではないのである。世間に広まっているイメージのように、尼姿の政子が自ら熱弁をふるったのではない。

その後、京都への侵攻策と京方の襲来を待つ迎撃策が出たが、政子の意見で武蔵の軍勢が集結してからの侵攻策と決まった。ところが、二日の間にまたゾロ迎撃策が持ち上がった。十九日には政子の主張に感激して熱くなり、侵攻策を決めたのかもしれないが、真正面から天皇・上皇に弓を引く行為は、武士たちにとって非常なプレッシャーだったのである。

そこで二十一日、再び政子・義時以下による軍議がなされた。この場で下級官人出身の長老大江広元（七十四歳）が、

「出陣を決めてから日が経ち、また異議が出て来た。武蔵の軍勢を待つというのも間違い（僻案《へきあん》）です。ただ今夜中《こんやちゅう》に泰時殿（武州《ぶしゅう》＝武蔵守）一人でも出陣すべきです」

と過激な積極論を述べた。自身の案まで批判された形の政子は、もう一人の下級官人出身の長老三善康信（八十二歳）の意見も聞くべきだとして、老病のため危篤状態で家にいた康信を軍議の場に呼び付けた。やって来た康信は死にそうなのに（実際、八月九日に没する）、「大将軍（ここでは大将のこと。泰時を指す）一人であっても、まず出陣すべきです」と言ったのである。お互いの意見を聞いていない広元・康信二人の大長老の主張が一致したことを、執権義時は「冥助《めいじょ》（神仏のアドバイス）」であると決然と言い切り、その場で嫡子泰時にすぐさまの出陣を命じた。泰時はその晩のうちに「門出《かどで》」した。門出とは出発することであり、よって承久の乱での鎌倉幕府軍の出陣は、承久三年五月二十一日である。

とりあえず、鎌倉西南の稲瀬川《いなせがわ》にある藤沢清近邸に入った泰時は、翌二十二日早朝、小雨降る中を京に向かったのである。軍勢は泰時自身を含め、たったの二十騎であった。

しかし、後を追った軍勢は東海《とうかい》・東山《とうざん》・北陸《ほくろく》三道《どう》に分かれて次々に鎌倉を発《た》ち、また途中で続々と軍勢が加わり、鎌倉軍は進撃にしたがい雪ダルマ式に膨れ上がった。十九万騎を号する大軍となった鎌倉方は各地で京方を撃破して、六月十五日、京に雪崩《なだ》れ込み、これを制圧したのである。この日、後鳥羽は「今回の事件は謀臣が勝手にやったことである」として、義時追討の宣旨をあっさりと撤回した。

かくて承久の乱は、鎌倉幕府の完全勝利、朝廷の敗北という結果となった。仲恭天皇は廃位され、後鳥羽・土御門・順徳の三上皇は配流された。

義時は「寵姫の所領である長江荘・倉橋荘の地頭を罷免せよ」という後鳥羽の命を拒否し

たがために、謀反人とされた。上皇の恣意による命令から御家人を守って汚名をこうむり、罪人として殺されかかったのである。長江荘・倉橋荘の地頭を守ろうとした義時、仲間の不運を見過ごせないこの人は、他のすべての御家人の危機に際しても、同じように立ち向かうであろう。——御家人たちは、誰が自分たちの守護者であり、誰が敵であるかをはっきりと認識したのではないか。

そして承久の乱の勝利は、義時に源頼朝と並び称される評価を与えることになるのである。

関東武内宿禰伝説

武家政権の創始者

「北条九代《くだい》」の語でも明らかなごとく、一般に鎌倉北条氏の始祖は時政と認識されている。『太平記』巻五「時政参籠榎嶋事」が時政の前世の善行を北条氏繁栄の因としていることなど、典型例であろう。こんな話である(長いので意訳だけ載せる)。

鎌倉幕府が出来た頃、時政が江ノ島に参籠《さんろう》して子孫の繁昌を祈願した。二十一日目の夜、忽然《こつねん》として美しい女房が時政の前に出現して言った。

お前の前世は箱根の法師である。六十六部の法華経を写して、日本六十六ヵ国の霊地に奉納した善行によって、再びこの伊豆の地に生まれたのだ。だから、子孫は永く日本国の主《あるじ》となって、栄華を誇るであろう。ただし、正しいおこないをしなければ、栄華は七代を過ぎることはない。私の言うことを疑うのであれば、国々の霊地を調べてみるがよい。

これだけ言うと、女房はたちまち体長二十丈《じょう》（約六十メートル！）の大蛇に変じ、海中に姿を消した。大蛇は江ノ島弁財天《べんざいてん》のお使いであったのだ。

後に時政が弁財天のお告げを確認するため各所の霊地に人を遣わして調査したところ、奉納筒に「大法師時政《だいほっしじせい》」と記した法華経が発見された。

女房の立っていた場所には、大きな三枚の鱗が落ちていた。時政はその鱗を拾い、これが北条氏の三鱗紋の起源となったのである……というお話。

蛇は爬虫類なので、魚と違って鱗が剥がれることはないのであるが、まあ、それはともかく、この話では、明らかに北条氏の始祖は時政である。

だが、一方で、北条氏の歴史において、時政よりも、むしろ義時を高く評価する史料が存在する。『太平記』自体が、今見たように時政を北条の始祖としながら、一方で「前陸奥守《さきのむつのかみ》義時、自然《じねん》ニ執天下権柄《てんかのけんぺいをとる》」・「義時　弥八荒《いよいよはっこう》（世界、天下）ヲ掌《たなごころ》ニ握ル」（共に巻一「後醍醐天皇御治世事付武家繁昌事」）のごとく、義時とその承久の乱勝利に高い評価を与えているのである。

また、建武三年（一三三六）十一月七日に発布された足利尊氏の室町幕府樹立宣言『建武《けんむ》式目《しきもく》』冒頭の「なかんづく鎌倉郡は、文治、右幕下《うばつか》（源頼朝）はじめて武館《ぶかん》を構へ、承久、義時朝臣天下を幷呑《へいどん》（飲み込む）す。武家においては、尤《もつと》も吉土《きちど》（おめでたい土地）と謂《い》ふべきか（なかでも鎌倉郡は、文治年間に頼朝公が初めて武家政権を築き、承久年間に義時朝臣が天下を取った地であり、武家にとってはもっとも縁起の良い場所と言うべきである）」の文章は、義時が源頼朝と並ぶ武家政権の創始者と認識されていたことを如実に語っている。

「武内宿禰再誕」伝説

実は、ほとんど世に知られていないが、義時には時政の江ノ島参籠譚《たん》よりはるかに奇妙な伝説がある。建長六年（一二五四）成立の説話集『古今著聞集《ここんちよもんじゆう》』の巻一「神祇《じんぎ》」に収録されている次の話である（やはり、長いので意訳だけ載せる）。

ある人が八幡神社に参籠した夜、夢の中で御殿《ごてん》の扉が開き、奥から、

「武内《たけしうち》！」

と呼ぶ気高《けだか》い声が聞こえた。すると、白髪の俗体の老人が現れ、御殿の前に畏《かしこ》まって座った。老人の白い髭は身長と同じくらいに長い。さきほどの声が再び響き、老人に命じた。

「世の中が乱れようとしている。しばらく時政の子になって、世を治めよ」

夢から覚めた人は、北条義時が八幡神の命を受けた武内宿禰《たけしうちのすくね》の「御後身《ごこうしん》」（生まれ変わ

り）であることを知った……というお話。

武内宿禰とは何者か。太平洋戦争以前はお札（一円札・五円札・二百円札など五種類）の図柄にもなっていたほどの有名人であったが、今日では知る人の方が少ないであろう。『古事記』・『日本書紀』によれば、第八代孝元天皇の子孫で、十二代景行《けいこう》・十三代成務《せいむ》・十四代仲哀《ちゅうあい》・十五代応神《おうじん》・十六代仁徳《にんとく》の五代の天皇に通算二百四十四年間仕え、景行朝では「棟梁之臣《とうりようのおみ》」、成務朝からは初代の大臣《おおおみ》を務めたとされる伝説の忠臣である。とにかく長命であったとされており、三百三十歳とか三百八十歳といった、とてつもない寿命が記録されている。天皇をはじめとして呆れるほど長命な人物がやたらに登場する記紀の中でも最長記録保持者である。

義時が、このような神話・伝説上の偉人の転生《てんしょう》（生まれ変わり）とされているのである。どこの誰だかわからない人が変な夢を見たというだけの話であり、内容も時政の江ノ島参籠譚ほど、おもしろくはない。夢なのだから当たり前であるが、ただの荒唐無稽《こうとうむけい》な話である。説話集は虚実ないまぜに世に伝えられたおもしろそうな話を集めた本であるから、これが『古今著聞集』にあるだけなら、「珍な話もあるものだ」で片づけてしまってもよかろう。

だが、鎌倉時代も末期、徳治《とくじ》三年（一三〇八）八月、政治に疲れ果て酒浸りになっていた北条貞時（義時六代の孫）を諫めるために奏上された通称『平政連諫草《たいらのまさつらかんそう》』（著者は幕府奉行人だった平ではなくて中原《なかはらの》政連）に「なかんづく先祖右京兆員外大尹《うけいちょういんがいだいいん》は武内大神の再誕、前《さきの》武州禅門《ぶしゅうぜんもん》は救世《ぐせ》観音《かんのん》の転身、最明寺禅閣《さいみょうじぜんかく》は地蔵薩埵《じぞうさった》の応現《おうげん》」の一節がある。

「右京兆員外大尹」は義時が任官した右京権大夫《うきょうごんのたいふ》の唐名《とうみょう》。唐名とは、王朝官職の中国風の呼び方である。現代日本人にとっては欧米があこがれの対象であり、職業がなんでもかんでも欧米風にカタカナで表現される。編集者をわざわざエディターなどというやつである。このような外国へのあこがれは、日本人の特性らしく昔からあった。鎌倉時代のあこがれの対象は中国だったのである。そのため、この唐名というものが、やたらに使われた。右京兆員外大尹は、ここでは義時を指している。

「前武州禅門」は「もと武蔵守であったが出家した人」の意味で、ここでは北条泰時のこと。武州は武蔵国および武蔵守の唐名である。

最明寺は有名な北条時頼（泰時の孫）建立《こんりゅう》の寺院であり、禅閤は禅寺のことで、「最明寺禅閤」はここでは時頼を指している。

泰時・時頼がそれぞれ観音・地蔵という仏教の菩薩《ぼさつ》の化身《けしん》とされていながら、義時だけは日本神話の登場人物である武内宿禰の再誕とされている。その特殊性からして『古今著聞集』と『平政連諫草』が同根であることは明白であり、鎌倉末期にはこの伝説が鎌倉幕府中枢を含めた武家社会知識層の間に知られていたことを示している。

そして義時卒去《しゅつきょ》（四位・五位の人が亡くなること。転じて、広く人が没すること）からわずか三十年後の建長六年に成立した『古今著聞集』に記されていることから、この伝説が義時没後そう遠くない時期に語られ始めたものであることがわかる。

「生まれ変わり」とか「夢のお告《つ》げ」などと言うと、現代の多くの人にはオカルトとしか思えず、眉ツバの極みであるが、中世人にとっては、信ずべきものであった。たとえば、日蓮が上行菩薩《じょうぎょうぼさつ》の化身という自覚を持っていたことは、よく知られている。また、源実朝は建《けん》暦《りゃく》元年（一二一一）六月三日丑《うし》の刻（午前二時頃）に見た夢に現れた高僧から、前世は宋《そう》の医王山《いおうざん》の長老（住職）であったと告げられ、建保四年（一二一六）六月十五日、宋より渡来《とらい》した陳和《ちんな》卿《けい》からも同じことを言われ、さらに和卿が前世で実朝の前世である長老の弟子だったと言ったので（『吾妻鏡』建保四年六月十五日条）、すっかりその気になり、医王山に参拝しようと大陸に渡るための船を建造させている（十一月二十四日条）。和卿によって設計されたこの船は結局、進水に失敗した（建保五年四月十七日条）が、実朝の行為を愚行と笑うのは、中世人の心理や思考を理解していないことである。「生まれ変わり」や「夢のお告げ」は、中世人にとって、それだけリアルな説得力を持っていたのである。

中世神話創出の構造

では、義時はなぜに武内宿禰の再誕とされ、またこの奇妙な伝説はどうして誕生したのであろうか。

武内宿禰と義時との共通性の第一は、数代の主君（武内宿禰の場合、天皇。義時の場合、将軍）に仕えた点であろう。前述のごとく武内宿禰は五代の天皇に仕え、棟梁之臣・初代の大臣を務めたとされる。対して義時は源頼朝・源頼家・源実朝・藤原頼経の将軍四代（正式には、義時の生前には頼経は将軍に任官していないが）に仕え、実朝・頼経の二代で執権を務めている。代数が完全に一致する必要はないのであって、複数の主君に仕えた点がまずは肝腎であろう。

次に、武内宿禰と義時の共通性を考える時、重要となるのが神功皇后《じんぐうこうごう》と北条政子の存在である。『吾妻鏡』嘉禄《かろく》元年（一二二五）七月十一日条は政子について「神功皇后、再生せしめ」と記している。神功皇后は十四代仲哀天皇の皇后でありながら、近代以前には天皇歴代に数えられており、政子もまた鎌倉将軍歴代に数えられていた。源氏将軍家断絶後の鎌倉幕府で、偉大なる頼朝の妻として、政子は重要な役割を担った。いわゆる尼将軍である。

政子が神功皇后であったとすれば、仲哀天皇と神功皇后の皇子で、神功皇后が仲哀の没後に決行した朝鮮半島侵攻からの帰途、西方筑紫の地で誕生した応神天皇に当たるのは、京都に生まれ、二歳で東の方《かた》、鎌倉に下向した鎌倉四代将軍藤原頼経である。

武内宿禰は応神の即位に反対して起こった応神の異母兄香坂《かごさか》・忍熊《おしくま》両王の乱を神功皇后と共に平定しており、義時もまた、頼経の初政に勃発した承久の乱を政子を奉じて平定した。『愚管抄』一「皇帝年代記」の神功皇后条は「男ノスガタ（姿）ヲシテ新羅《しらぎ》・高麗《こうらい》・百済《くだら》三ノ国ヲウ（討）チト（取）リテ、応神天皇ヲウ（生）ミタテマツリテ、武内ヲモテ為後見（後見となし）、応神ノアニ（兄）ノ御子《みこ》タチ（達）謀反《むほん》ノ事アリケリ。武内大臣《おおおみ》、ミナ（皆）ウ（打）チカ（勝）チテケリ」と記し、武内宿禰を応神天皇の「後見」とし、香坂・忍熊両王の乱を平定したのは武内宿禰としている。義時は将軍の「御後見」たる執権であり、政子を助けて承久の乱を勝利に導いた。

数代の主君に仕えた後、以前の主君の妻である偉大な女性と共に、政権の本拠地から遠く離れた西方の地で誕生し来《き》たった幼い新主君を支え、その初政を乱す戦乱を平らげる。――これは武内宿禰の物語であると共に、そのまま義時の物語でもある。

ふたたび書くが、『古今著聞集』によれば、武内宿禰が義時として再誕したのは「乱世を鎮めよ」という八幡神の神命によってであった。八幡は言うまでもなく源氏の氏神、関東の守護神である。まさに義時は鎌倉の大臣、関東の武内宿禰であった。源頼朝の蛭ヶ小島への「天孫降臨」によって始まった関東（鎌倉幕府）草創の神話は、武内宿禰たる義時の承久の乱平定によって幕を閉じるのである。

また、『日本書紀』『公卿補任《くぎょうぶにん》』『八幡愚童訓《はちまんぐどうきん》』『神皇正統記《じんのうしょうとうき》』『尊卑分脈』などによれば、武内宿禰は弟甘美内宿禰《うましうちのすくね》の讒言により応神天皇より追討命令を出された。南北朝時代に王朝貴族洞院《とういん》家によって編纂された系図集『尊卑分脈』「紀氏朝臣」冒頭にある武内宿禰の伝記は、この追討命令をはっきり「宣旨」と記している。応神天皇は実在すれば四世紀末から五世紀初頭の人と推定されており、その頃、宣旨という天皇の命令書の形式があろうはずもない。なぜなら、宣旨は平安時代に成立した文書様式だからである。だが、中世の人の感覚では応神の追討命令は宣旨と考えられたのである。しかし、武内宿禰は甘美内宿禰と盟神探湯《くがたち》（熱湯に手を突っ込んで火傷の有無・程度によって判定が下される神判の一種）で対決して無実を証明し、勅免されたという。

義時は周知のごとく追討宣旨を蒙りながら承久の乱に勝利した。承久の乱の結末、義時の勝利は、当時の王朝貴族にとってはまさにあってはならない驚天動地の事態であった。貴族たちは眼前の現実を受け入れるため、必死で先例を探したのではないだろうか。しかし、追討宣旨を蒙って助かった先例など、おいそれと見つかるはずがない。時代はどんどん遡り、王朝貴族たちがやっと見つけ出した先例こそ武内宿禰であったと考えられる。

さらに、『古今著聞集』は、ある人が夢を見る舞台をただ「八幡」とのみ記し、どこの八幡かは明示していない。だが、京都の石清水《いわしみず》八幡宮《はちまんぐう》社務田中氏は武内宿禰の子孫である紀氏とされていた（『尊卑分脈』「紀氏朝臣」）。あるいは、義時の武内宿禰再誕伝説は石清水社が鎌倉幕府との関係強化などを目的として作成したものなのかもしれない。

しかし、この伝説が石清水社の作成であったとしても、九条家・西園寺家などに仕えた王朝貴族橘成季によって義時没の三十年後である建長六年（一二五四）に編纂された『古今著聞集』に記録されたことは、この話が王朝貴族の間に急激に広まったことを示している。貴族たちはこの話に、まさに飛びついたのではないだろうか。そして『平政連諫草』に記されたことは、鎌倉武家社会もまた、この話を受け入れたことをあらわしている。その理由は、言うまでもなく北条氏得宗の覇権の根拠となるからであろう。

いずれにしろ、承久の乱の勝利は、義時の評価を決定づけた。「帝王を倒した男」が、ただ者であろうはずはないし、あってはならないのである。義時は義兄源頼朝と並ぶ武家政権の創始者という権威を手にしたのであり、それを象徴するのが武内宿禰再誕伝説という「神話」である。

鎌倉時代の貴族社会・武家社会は共に義時の武内宿禰再誕伝説を受け入れる必要性・下地を有していたのであり、かくて、ここに「関東武内宿禰伝説」とでも呼ぶべき中世神話が誕生したのである。

この神話に基づくならば、義時の嫡系たる得宗家は、八幡神の神託によって再誕した関東の武内宿禰の直系ということになる。この得宗家の始祖神話は、得宗家が鎌倉将軍の「御後《ご》見《けん》」の「正統《しょうとう》」の家であること、つまり北条氏得宗の鎌倉幕府支配の理論的根拠となるものである。

得宗とは何か

義時と「得宗」の謎

北条時政・義時・泰時・時氏・経時・時頼・時宗・貞時・高時の鎌倉北条氏家督（惣領・家長、当主）八世代九人、いわゆる北条九代《くだい》は、現在「得宗」と呼ばれている。「得宗」は一般的にはまだそれほど知られた言葉ではないが、ちょっと詳しい大学受験参考書などには出てくる用語である。鎌倉時代史研究では、もちろん基本的な用語の部類に属す。北条氏嫡流の家系は「得宗家」、北条氏家督に権力の集中した鎌倉幕府政治の第三段階が「得宗専制政治」、北条氏家督の家政機関は「得宗家公文所《くもんじょ》」、北条氏家督の所領は「得宗領」、鎌倉時代当時には「御内人」と呼ばれていた北条氏家督の家臣は学術用語で「得宗被《ひ》官《かん》」である。後期鎌倉幕府を「得宗政権」と呼ぶことすらある。

そして「得宗」は、北条義時に関係する何かであるとされている。

だが、義時の何であるかについては、研究者によって「別称」・「法名」・「追号」などと異なっている。実はよくわからないのである。

かつ、得宗が義時と結びつく語であることを示す史料は、実は極めて少ないのである。

義時没後百三十五年も経った南北朝時代の古文書、延文《えんぶん》四年（一三五九）付「石清水《いわしみず》社務《しゃむ》嚢清注進状《のうせいちゅうしんじょう》」（東寺百合文書《とうじひゃくごうもんじょ》・ヒ之部七）に「義時号得宗」とあるのが、世に知られたほとんど唯一の事例である。ちなみに、東京大学史料編纂所編纂の史料集『大日本史料』は、この史料の「得宗」を「浄宗」と誤記しているが、確認してみると、間違いなく「得宗」である。どんなに権威がある書物でも、しょせん「人の造りしもの」である。間違いはあるので、鵜呑みにしてはならない。

いったい全体、この「得宗」という言葉は、義時の何なのか。

「別称」とは、「別の呼び名」、つまり別名である。それはそうなのであるが、だから、何で得宗が義時の別称なのか。「マグロは魚です」あるいは「カブト虫は昆虫です」と言っているのと同じで、これでは何の解決にもならない。

「法名」は、出家した時に与えられる僧侶としての名のこと。だが、後述するように、まがりなりにも史料に記されている義時の法名は得宗ではない。得宗を義時の法名と記した史料は今のところ確認されていないのである。得宗は義時の法名であると思いっ切り書いている本がたまにあるが、根拠はまったくないのである。「人の造りしもの」は鵜呑みにしてはならない。

「追号」は、本人の没後に生前のおこないを讃えて贈る称号であり、没後だいぶ経ってから贈られた法名も含んでよかろう。しかし、得宗が義時の追号であることを示す直接的な史料も存在しない。

と、このような状況であったので、私は一時期、中世史研究者を捕まえては、

「得宗て、どういう意味なンすかねェ～？」

「得宗て、ホントに義時と関係あるンすかねェ～？」

と聞きまくっていた。しかし、誰も知らない。

「あんたが知らないのに、私が知ってるわけないでしょ？」

と言われた時は、ちょっと嬉しかったのであるが、それは置いておいて、誰も教えてくれない以上、自分で調べて考えるしかない。

まず、「石清水社務嚢清注進状」は鎌倉滅亡の二十六年後に記されたものであり、当時、得宗という言葉自体は多くの史料に見られるので、孤例ではあるが信用してよいと思う。得宗は義時に関わる言葉であるという認識があったはずである。

そして義時の法名は『佐野本北条系図』によれば「観海」である。系図は史料の中では信用度が低いとされる部類であるが、義時の嫡子泰時の法名が「観阿」であることからしても、これが義時の本来の法名であった可能性が高いと思う。

「観阿」の「阿」は阿弥陀如来の「阿」であろうから、観海・観阿は共に「南無阿弥陀仏」と念仏を唱える浄土系の法名と考えられる。義時は臨終にあたり丹後律師頼暁という僧侶を善知識《ぜんちしき》（正しい仏法に導いてくれる師匠）として手に印を結び念仏数十反を唱えており（『吾妻鏡』元仁元年六月十三日条）、明らかに浄土系である。この信仰は、鎌倉時代前期の武士一般のそれとも合致している。よって、義時の法名は「観海」であった可能性が高く、「得宗」が義時の本来の法名であったという説は否定できるであろう。

時頼と「徳崇」

ところで、『太平記』に「徳宗領」、『梅松論《ばいしょうろん》』に（北条氏の）「家督を徳宗と号す」、『若狭国税所今富名領主代々次第《わかさのくにさいしょいまとみのみょうりょうしゅだいだいしだい》』に「徳崇」とあり、鎌倉の宝戒寺《ほうかいじ》境内にある高時を祀った徳宗権現《ごんげん》には「徳崇」の字が当てられている例がある。『新編鎌倉志』巻七の宝戒寺の項に「徳宗権現社」・「徳宗或作崇領」とあり、『鎌倉攬勝考《らんしょうこう》』巻六の宝戒寺の項では「徳崇権現社」で統一されている。

また、『若狭国税所今富名領主代々次第』は、群書類従補任部《ぐんしょるいじゅうぶにんぶ》所収の刊本の他に幾つかの写本が伝わるが、群書類従本と東京大学史料編纂所架蔵謄写本《とうしゃぼん》『若狭国守護職次第』所収本及び東京大学文学部国文学研究室本居《もとおり》文庫所蔵写本『若狭国守護職次第』所収本の三冊を確認したところ、東京大学史料編纂所架蔵謄写本と本居文庫所蔵写本は、前者が片仮名書き、後者が平仮名書きである点、字句の異同などの点から、系統が異なる写本と判断される。この三冊のいずれもが「徳崇」と記していることから、この部分は原本から「徳崇」であったと考えられる。

得宗は「徳宗」または「徳崇」とも書いたことがわかる。

「得宗」「徳宗」「徳崇」の中で、一番画数が多いのは「徳崇」である。

もしかして、「得宗」、そして「徳宗」は、「徳崇」の当て字、略字化なのではなかろうか。

と言うのは、「徳崇」であれば、得宗歴代と結びつくのである。つまり、時頼の法名が「道崇《どうすう》」、貞時は初め「崇暁《すうぎょう》」、後に「崇演《すうえん》」、高時は「崇鑑《すうかん》」。時宗は「道杲《どうこう》」であるが、後期得宗四代のうち三人までが法名に「崇」の字を有している。この他、義時の四男で時宗の連署となった政村が「覚崇《かくすう》」、高時の連署金沢貞顕《かねさわさだあき》が「崇顕《すうけん》」と、得宗と極めて親しかった北条氏有力者二人がやはり「崇」字を法名に持っている。

また、時頼以後の得宗は皆、禅宗に帰依したから、これら「崇」字を持つ法名が禅宗系の法名であることは明らかであろう。「得宗」あるいは「徳宗」では意味不明だが、「徳崇」であれば、時頼期以後に贈られた禅宗系の追号であった可能性がある。「崇」字を法名に持つ最初の得宗、時頼は得宗歴代で初めて禅宗に帰依した人であり、卒去に際しても禅僧としての威儀を正して往生したとされる（『吾妻鏡』弘長三年十一月二十二日条）。

その時頼は本来、北条氏家督を継ぐべき者ではなかった。寛元四年（一二四六）三月二十三日、重病に陥った嫡兄経時の譲りを受け、二十歳で急遽、執権に就き北条氏家督となったのである。時頼に後事を託した経時は閏四月一日、二十三歳で没した。

時頼の執権就任、すなわち北条氏家督の継承が正統性を欠くものと周囲に認識されていたことは、経時卒去の直後、北条氏の有力庶家名越氏のあからさまな反抗（宮騒動）が起こったことからも明らかである。この時、名越光時《みつとき》は「我ハ義時カ孫也、時頼ハ義時カ彦也」と言い放ったと『保暦間記《ほうりやくかんき》』は記す。

「オレは義時殿の孫だ（光時は義時の次男である名越の家祖朝時の子）。時頼は義時殿のヒマゴ（曾孫）じゃないか？」

つまり、

「正統な嫡流だった経時ならともかく、たくさんいる義時殿の曾孫の一人に過ぎない時頼が執権になるというなら、孫の一人で、時頼より血が近いオレだって執権になる資格があるだろう？」

というわけである。

前将軍であり現将軍藤原頼嗣の父である藤原頼経を擁する光時らの反抗に、時頼は戦闘態勢をも固めた断固たる態度で臨み、これを粉砕した。光時は伊豆国江間に配流され、その弟時幸は自刃させられた。北条氏の内部抗争で一門の血が流されたのは、これが最初である。続いて翌宝治元年六月の宝治合戦によって、時頼は三浦氏・毛利氏などの敵対勢力を滅ぼし、執権職を守った。だが、軍事力を行使してまで敵対勢力を排除しなければならなかったこと自体が、時頼の地位の不安定さを示しているともいえる。

実際、時頼は宝治合戦の翌七月、十七年にわたって六波羅北方探題を務めていた北条氏一門の長老重時を鎌倉に呼び戻し、連署としている。当時五十歳の重時は前述のごとく義時の三男であり、時頼には大叔父にあたる。その重時を連署としただけではなく、時頼は重時の娘を正室に迎えるのである。家督として正統性を欠く時頼は長老重時を後ろ盾とすることで地位の強化・安定を計ったのである。

謡曲『鉢木《はちのき》』をはじめとする廻国伝説で知られる名執権時頼は、実はかくのごとく執権としても北条氏家督としても正統性を欠く存在であった。ひるがえって、時頼の曾祖父義時もまた時政の庶子であった。もともと庶子でありながら家督を継承したという弱点は、偉大な曾祖父義時との共通性を誇示すれば、逆に自身の権威へと転化できる――時頼はこのように考えたのではないか。ゆえに時頼は義時に自己の帰依した禅宗系の追号「徳崇」を贈って義時を顕彰し、同じ「崇」字を有する「道崇」を自身の法名に選んだのではないだろうか。

時頼の子時宗は、法名に「崇」字を持たない。これには、時頼・貞時・高時が執政の中途で出家し、その後も長く生存したため、法名の選択にあたって自己の意志を反映し得た（前述したように、貞時は法名を変えている）のに対し、時宗は急病で出家当日に没したことが影響していると思われる。また、貞時・高時が「崇」字を法名の上に付けたのは、時代が下り、それだけ「崇」字に対する敬意が増したことを示すものと考えられる。

神話と実像の間

有象無象《うぞうむぞう》の東国武士団北条氏の庶子に生まれた江間小四郎義時は、十八歳の治承四年（一一八〇）八月十七日までは、父時政より北条の西隣江間郷を割き与えられただけの存在であり、兄宗時の家子として生きる以外の将来はなかった。源頼朝挙兵後の運命は、義時自身の予想だにもしなかったことの連続であったであろう。

義時の人生を鳥瞰《ちょうかん》して見ると、本人の意志と無関係に次々に押し寄せる災難に振り回され続けであったとしか思えない。姉政子が流人頼朝と結ばれることなく、また頼朝が鎌倉幕府の創始者とならなければ、義時は無名の東国武士として生きたはずである。

頼朝の「家子専一」という地位とて、彼が望んで得たものではないだろう。

頼朝没後に始まる激烈な幕府の内部抗争は、結果として義時の地位を押し上げた。父や義母まで逐い、多くの同輩を殺し、義時は幕府の最高指導者となった。

しかし、義時は災難に直面するたびに、自身と周囲の人々を守るために戦い、結果的に勝利し続けただけに過ぎないのではないか。勝利のたびに義時の地位は向上し、それはさらに大きな災難を呼んだ。その果てに承久の乱の勝利がある。田舎武士のミソッカスは、ついに上皇をも倒してしまった。

承久の乱の勝利は、源頼朝と並ぶ武家政権の創始者という評価を義時に与え、武内宿禰の再誕という神話を生んだ。だが、このような評価も神話も、義時自身のあずかり知らぬものであり、またそれは義時の実像ともかけ離れたものであったのではないか。

義時の人生からは、常に「もう帰っていいですか？」という彼のぼやきが聞こえ続けているようである。

承久の乱の真っ最中であった承久三年六月八日戌《いぬ》の刻（午後八時頃）、鎌倉の義時邸で台所に落雷があり、下働きの男一人が犠牲になった。義時は恐れおののき、大江広元を呼んで訴えた。

泰時たちが上洛しようとしているのは、朝廷を倒し申し上げるためです。今、この怪異がありました。幕府の運命もこれまでという前兆でしょうか（武州等の上洛は、朝廷を傾け奉らんが為なり。而《しか》るに今この怪有り。もしこれ運命の縮むべき端《ずい》か）。

狼狽する義時を宥めようと広元は答えた。

人間《にんげん》の運命というのは、全部、天地の決めるものです。よくよく今回のことを考えてみても、勝つか負けるかは、天の判断に任せるべきでしょう。ぜんぜん恐れることはありません。それに、落雷というのは幕府にとっては吉兆です。大勝利をおさめた奥州合戦の時、鎌倉方の陣に落雷があったんですから。このように先例は明らかですけど、どうしても心配なら占いでもしましょうか？（君臣の運命、皆天地の掌《たなごころ》とする所なり。つらつら今度の次第を案ずるに、その是非宜しく天道の決断を仰ぐべし。全く怖畏の限りに非ず。就中《なかんづく》この事は、関東に於いて佳例たるか。文治五年故幕下将軍《（源頼朝）》、藤泰衡を征するの時、奥州の軍陣に於いて雷落おはんぬ。先規明らかと雖も、ことさらに卜筮《ぼくぜい》有るべし）

そこで陰陽師を呼んで占わせたところ、結果は最吉と出た（『吾妻鏡』同日条）。

義時とて恐かったのである。この世界を作りたもうた神の子孫（ということになっている）に戦いを挑むことは。神代以来、この国を治めてきた（ということになっている）天皇を戴く王朝、その権威はこの国の中世人にとって絶対的なものであり、それは疑いようのない常識であった。義時もまた天皇と王朝を素朴に尊崇する中世人の一人であり、決して「スターリン（鋼鉄の人）」ではなかった。

承久の乱の翌年、義時は任官していた陸奥守と右京権大夫の官職を相次いで辞し、無官となっている。

そして乱より三年の後、元仁元年（一二二四）六月十三日、「天下を幷呑」し日本の最高実力者となった、かつての江間小四郎は、一仏弟子、沙弥観海として世を去った。時に六十二歳。

義時が自身の生涯をどのように思っていたのか、知るよしもない。だが、義時の人生の軌跡は、彼の子孫の鎌倉幕府支配に「王権神授」とも言うべき理論的根拠を与えたのであった。

第三章　相模太郎時宗の自画像――内戦が意味するもの

奇怪な古文書

一通の「指名手配書」

昔は出雲国《いずものくに》だった島根県の出雲市にある天台宗の古刹《こさつ》、浮浪山鰐淵寺《ふろうざんがくえんじ》に伝えられた古文書群『鰐淵寺《がくえんじ》文書《もんじょ》』（古文書は「ぶんしょ」でなく、「もんじょ」と読む）の中に次の文書が伝来している。本章のキーになる文書なので、翻刻と読み下しを両方掲げよう。

［翻刻］

相模式部大夫殿・同御子息、令経廻所々給由事、去八月廿日関東御教書、今月六日到来、案文如此、早任被仰下之旨、無緩怠之儀、可被存知候也、仍執達如件、

弘安七年九月七日　　左衛門尉（花押）

鰐淵寺南北衆徒御中

［読み下し］

相模式部大夫殿・同御子息、所々を経廻せしめたまふのよしの事、去んぬる八月廿日の関東御教書、今月六日到来す。案文、かくのごとし。早く仰せ下さるるの旨に任せ、緩《かん》怠《たい》の儀無く、存知せらるべく候也。よって執達くだんのごとし。

弘安七年九月七日　　　　　　　　　左衛門尉（花押）

鰐淵寺南北衆徒御中

弘安七年（一二八四）九月七日付「出雲《いずも》守護《しゆご》佐々木（塩冶《えんや》）頼泰施行状《しぎようじよう》」であり、前日に頼泰のもとに届いた八月二十日付「関東御教書《かんとうみぎようしよ》」の内容を伝達したものである。内容については後述するとして、まず基本的な情報を記しておくことにする。

「関東御教書」とは、将軍の意志を執権・連署が伝える形式の鎌倉幕府の命令書のこと。鎌倉時代には鎌倉幕府は「関東」と呼ばれていたので、このような名前が付いている。守護は鎌倉幕府の地方官で、原則、国毎《ごと》に一人置かれ、その国の御家人を統率したり幕府からの命令を御家人に伝える役職である。

わざわざ書くまでもないかもしれないが、出雲守護と出雲守《いずものかみ》は字面は酷似しているが、ぜんぜん別のものである。出雲守護は幕府の役職、出雲守は王朝官職（王朝の役職）なのである。両方とも出雲国という律令官制における地方行政単位を担当するが、幕府役職である守護は簡単に言えば国内の御家人のまとめ役であり、出雲守は律令制度上で今日の島根県知事のような役割である。

頼泰は幕府役職では出雲守護であるが、王朝官職は左衛門尉《さえもんのじょう》であり、公的な場ではあくまでも王朝官職を名乗るので、頼泰はこの文書を出雲守護の職務として出していながら、署名は王朝官職の左衛門尉を記すのである。

「施行」とは「命令を伝達する（取り次ぐ）」ことで、守護の施行状は、関東御教書などの幕府から来た文書を管国の御家人たちに配る時に守護が添えて出す文書である。

鎌倉幕府が御家人に何か命令する時は、幕府は命令を出す国毎に守護宛の御教書を作成する。御教書を受け取った各守護は自分の管国の御家人の人数分、御教書の案文（コピー）を作り、これに一通一通、自分の施行状を作って添えて配るのである。

これが鎌倉幕府が御家人に命令を出す時の基本的なやり方であり、けっこうよく出来ていると私個人としては思う。しかし、コピーと言っても、鎌倉時代にはコピー機がないので手書きである。かなり、めんどくさい。もっとも、文章は右筆《ゆうひつ》という字を書く係が書き、守護本人は施行状に花押《かおう》（サイン）を書くだけであるが、それでも手間のかかる話である（と言うよりも、現代が便利過ぎなのである）。

問題の施行状の場合、八月二十日付の関東御教書が九月六日に届いたというから、相模国（神奈川県）の鎌倉から出雲国（島根県）に届くまで半月以上かかっているが、昔はメールも車も電車もなく、移動・輸送手段は人力を除けば馬と船だけなので、これが、まあ普通である。一方、六日に御教書を受け取った塩冶頼泰は七日には施行状を作っているから、テキパキ仕事をしている。

佐々木氏は大族で、北条氏と同様に分家がたくさんあり、本家（惣領家）は近江（滋賀県）守護を世襲した六角氏であるが、分家の一つである頼泰の塩冶氏は出雲守護を世襲していた。

施行状には「左衛門尉」としか書かれていないが、花押は一人一人違うので、これで頼泰とわかるのである。

また、鰐淵寺はお寺であって御家人ではないが、昔、寺院は軍事力をも有する政治勢力であったから、御家人に準じて幕府の命令を受けたのである。寺院の軍事力を代表するのが、武蔵坊弁慶のような、いわゆる僧兵であるが、「僧兵」という言葉は戦国時代のもので、平安・鎌倉時代は「大衆《だいしゅ》」「悪僧」などと呼ばれていた。

頼泰は同様の施行状と御教書案文を出雲国内に配布したはずであるが、御教書は原物はもちろん案文も一通も現存せず、守護施行状も鰐淵寺宛のこの一通が伝存するのみのようである。

さて、また前フリが長々と続いてしまったが、内容の検討に入ろう。まず、意訳を載せる。

［意訳］

相模式部大夫殿とその御子息があちこちをウロウロなさっているということを知らせる八月二十日付の関東御教書が今月六日に私のもとに届きました。案文は、お届けしたとおりです。将軍の御命令に従い、怠けることなくこの内容をご理解ください。お伝えすることは、以上です。

左衛門尉（花押）

弘安七年九月七日

鰐淵寺南北衆徒御中

直訳に近い形で訳すと、現代語としてはどうしてもおかしなところができてしまうのだが、「相模式部大夫殿」とその「御子息」があちこちに出没していることを伝え、警戒を命じたもので、ようするにこの父子に対する手配書である。現代風に言えば、「相模式部大夫殿」父子は、鎌倉幕府から指名手配を受けたわけである。

位階と官職

では、この「相模式部大夫殿」とは、何者であろうか。「相模」は相模守で、父または父祖の任官職、「式部」は式部丞《しきぶのじょう》で本人の任官職、「大夫」は位階《いかい》の五位（正五位上・正五位下・従五位上・従五位下の四階）を意味するから、この人は「父または父祖が相模守で、自身は式部丞であり、かつ五位の位階を持つ人」ということになる。

官職（王朝官職）とは朝廷の役職。太政大臣《だじょうだいじん》とか相模守とか左衛門尉とかいうヤツである。位階は天皇がくれる位である。これが人間はおろか、神様の序列まで決める。神社の入り口に立っている鳥居を見上げると、額が掛けてあって、「正一位」とか「正二位」とか書かれているあれである。天皇は人間だけでなく神様にまで序列を付けるのである。

そして人間の場合、官職と位階はリンクされている。つまり、ある官職はどの位階に当たるかが、だいたい決められており、これを官位相当《かんいそうとう》という。たとえば、太政大臣に任官すると、正一位または従一位がもらえることになっている。昔は、位階で人間の偉さが決まるのであり、席順から手紙の書き方までこれに拘束された。めんどくさい話であるが、昔の人は少しでも上の位階をもらおうと必死だったのである。

ところが、位階はともかく官職には定員がある。で、位階と官職の間には、ズレが生じてしまうことが、よくあった。話を広げるとかえってややこしくなってしまうので、今の話に関係することだけ書くと、式部省《しきぶしょう》の三等官である式部丞は大丞《だいじょう》と少丞《しょうじょう》があるが、相当位階は式部大丞が正六位下《しょうろくいげ》、式部少丞が従六位上《じゅろくいじょう》なのである。

だが、実際には官職は式部丞だが、位階は今話題の相模式部大夫のように五位をもらっている場合がある。このような場合、その人をただ「式部丞」と呼んだり書いたりすることは大変失礼なことなので、五位を意味する大夫を付けて「式部大夫」とお呼びするのである。

五位は貴族社会では下っ端であるが、鎌倉時代の武士は後世に比べれば、まだまだ身分が低かった。御家人には生涯無官の者も多いのであり、六位相当の衛門尉や兵衛尉でも任官していれば、相当、ランキングは上である。その上の四《し》位《い》・五位に相当する国守（相模守とか武蔵守とか）などとなると幕府の幹部クラスである。

だから、五位を持っている問題の相模式部大夫は武士・御家人としては、相当偉い人である。しかも、この人は施行状が引用する関東御教書で、本人に「殿」、子息に「御」と敬称が付き、さらに「給」と敬語が使われているから、鎌倉幕府では貴人と認識されていたことがわかる。

以上の条件に当てはまる人物は当時唯一人。

執権相模守時頼の庶長子、第三代六波羅南方探題《ろくはらみなみかたたんだい》（鎌倉幕府の西国統治機関である六波羅探題の長官の一人。もう一人は六波羅北方《きたかた》探題）北条時輔《ときすけ》である。

北条時輔と二月騒動

ところが、時輔は弘安七年を去ること十二年前、すでに京都に没していた。文永九年（一二七二）の鎌倉幕府の内戦「二月騒動（二月事件・二月戦争）」（『保暦間記』）で二十五歳にして殺害されたのである。それを命じたのは異母弟、執権時宗であった。

よって、弘安七年八月、鎌倉幕府は死者の手配書を発給したことになる。この奇怪な文書が発給される半年前（弘安七年には閏四月がある。つまり、四月が二回あった）、同年四月四日、かつて時輔討伐を命じた嫡弟時宗は三十四歳で急逝していた。

二月騒動後の時輔については、他に次のような史料が存在する。まずは『保暦間記』文永九年二月条「同十五日式部丞(ママ)時輔モ六波羅ニテ誅セラル。時輔遁《のがれ》テ吉野ノ奥へ立入テ行方不知《ゆくえしれず》」。次に『興福寺略年代記』文永九年条「二月十五日六波羅相模式部大夫時輔南殿《みなみどの》と号《ごう》す、誅《ちゅう》されおはんぬ。但《ただし》、逐電《ちくでん》せしむと云々《うんぬん》」。いずれも誅されたとした後に、逃れたと記す奇妙な記事である。

さらに、王朝貴族勘解由小路兼仲《かげゆこうじかねなか》の日記『勘仲記《かんちゅうき》』の文永十一年（一二七四）十月二十九日条の記すところによれば、文永の役での蒙古軍襲来に際し、京都では、時頼の同母弟で時輔・時宗の叔父である北条時定と時輔が京都に「打上《うちのぼ》」って来るとの噂が流れている。

時定・時輔は、どこから何のために京都に「打上」るとされていたのであろうか。肥後国（熊本県）阿蘇《あそ》郡に時定が建立した立護山満願寺《りゅうごさんまんがんじ》の寺伝『満願寺年代記』によれば、時定は建長七年（一二五五）に阿蘇に下向しており、その後弘安年間（一二七八～八八）以降は肥前（佐賀県・長崎県）守護を務めているので、時定は文永十一年当時も鎮西《ちんぜい》（九州）にあったと推定される。ゆえに、この噂は時定・時輔が蒙古軍と共に京都に攻め上って来るという内容であったと解釈される。時宗政権下で時輔生存の噂がかなりの信憑性を持って流れていたことを示すものであろう。

他の多くの史料が時輔の誅死を記述しているから、時輔が討たれたことは史実と認めざるを得ず、逃亡・廻国は噂の域を出ない。だが、今紹介した史料は二月騒動後の時宗政権下で時輔の生存が語られ続けていたことを示す。そして、『鰐淵寺文書』に残された一通の守護施行状は、時宗卒去の半年後にも時輔出現の噂が幕府が無視できないほどの信憑性を持って流れていたことを語っている。

本章では、時輔の経歴と二月騒動そのものを再検討することにより、時宗政権における二月騒動の歴史的意義と時輔の生存・廻国伝承の背景の解明を目指そうと思う。それは、蒙古襲来という未曾有の国難に立ち向かい、大日本帝国の時代には救国の英雄に祭り上げられた北条時宗とその政権の実相を我々に教えてくれるはずである。

北条時輔の政治的位置①——嫡庶の順位

三郎・太郎・四郎・七郎

北条時頼には史料上、時輔・時宗・宗政・宗頼・時厳・宗時・政頼の七男があったとされる。以下の考察に必要な時輔・時宗・宗政・宗頼について基本情報を記しておこう。

時輔は、宝治二年（一二四八）五月二十八日に誕生。時頼の長男である。童名《わらわな》は宝寿《ほうじゅ》。母は出雲国御家人三処《みどころ》氏の娘で、幕府女房を務め讃岐と称されていた時頼の側室。乳母夫《めのと》には御内人《みうちびと》（得宗の家臣となった御家人）の有力者諏訪《すわ》盛重《もりしげ》が選ばれた。元服は康元元年（一二五六）八月十一日九歳。仮名は「相模三郎」である。「相模」は父時頼の任官職が相模守であったためである。

時宗は、建長三年（一二五一）五月十五日に誕生。童名は正寿《しょうじゅ》。母は時頼の連署北条重時（義時の子）の娘、時頼の正室である。元服は正嘉元年（一二五七）二月二十六日七歳。仮名は「相模太郎」。

宗政は、建長五年（一二五三）正月二十八日に誕生。童名は福寿《ふくじゅ》。母は時宗と同じく北条重時の娘。元服時期は不明であるが、仮名は「相模四郎」。

宗頼は、生年・母・元服時期未詳。童名は曼珠《まんじゅ》。仮名は「相模七郎」である。

さて、後に詳述するが、二月騒動は文永九年二月十一日、鎌倉において北条氏の有力庶家名越氏の当主時章《ときあき》とその弟教時《のりとき》が討たれ、十五日、京都において六波羅南方探題時輔が討たれた事件である。

『保暦間記』は、時頼の正妻を母とする時宗に超越《ちょうおつ》されたことを恨んでいた時輔の謀叛の企図が察知され、鎌倉に名越兄弟が、京都に時輔が討たれたと記している。これでは名越兄弟が討たれた理由がわからず、記事自体が妙なものである。名越兄弟と時輔の連携を示す史料は存在せず、そもそも時輔にも名越兄弟にも謀叛の意図があったかどうかも不明である。

しかし、先行研究の中には、時輔が①嫡庶の順位や、②烏帽子親・③外戚の選定、④叙爵《じょしゃく》（従五位下に叙すこと）年齢などで、ことごとく差別待遇を受けており、⑤六波羅南方探題就任も鎌倉からの追放であったとし、二月騒動の要因を時宗と時輔の嫡庶争いとして、おおむね『保暦間記』の記事に従った解釈をしているものがある。だが、この見解は時輔が討たれたという結果から遡及《そきゅう》してすべてを解釈したものであり、にわかに首肯《しゅこう》しがたい。そこで、時輔の経歴について再検討してみたい。

すでにお気づきと思うが、右記の時頼の息子たちは仮名の順番がおかしい。

普通、太郎・次郎は単に長男・次男の意味であり、したがって生まれた順に機械的に付けられるはずである。ところが、時頼の息子たちは長男時輔が三郎で、次男の時宗が太郎、その弟の宗政が四郎、さらにその下の宗頼が飛んで七郎である。

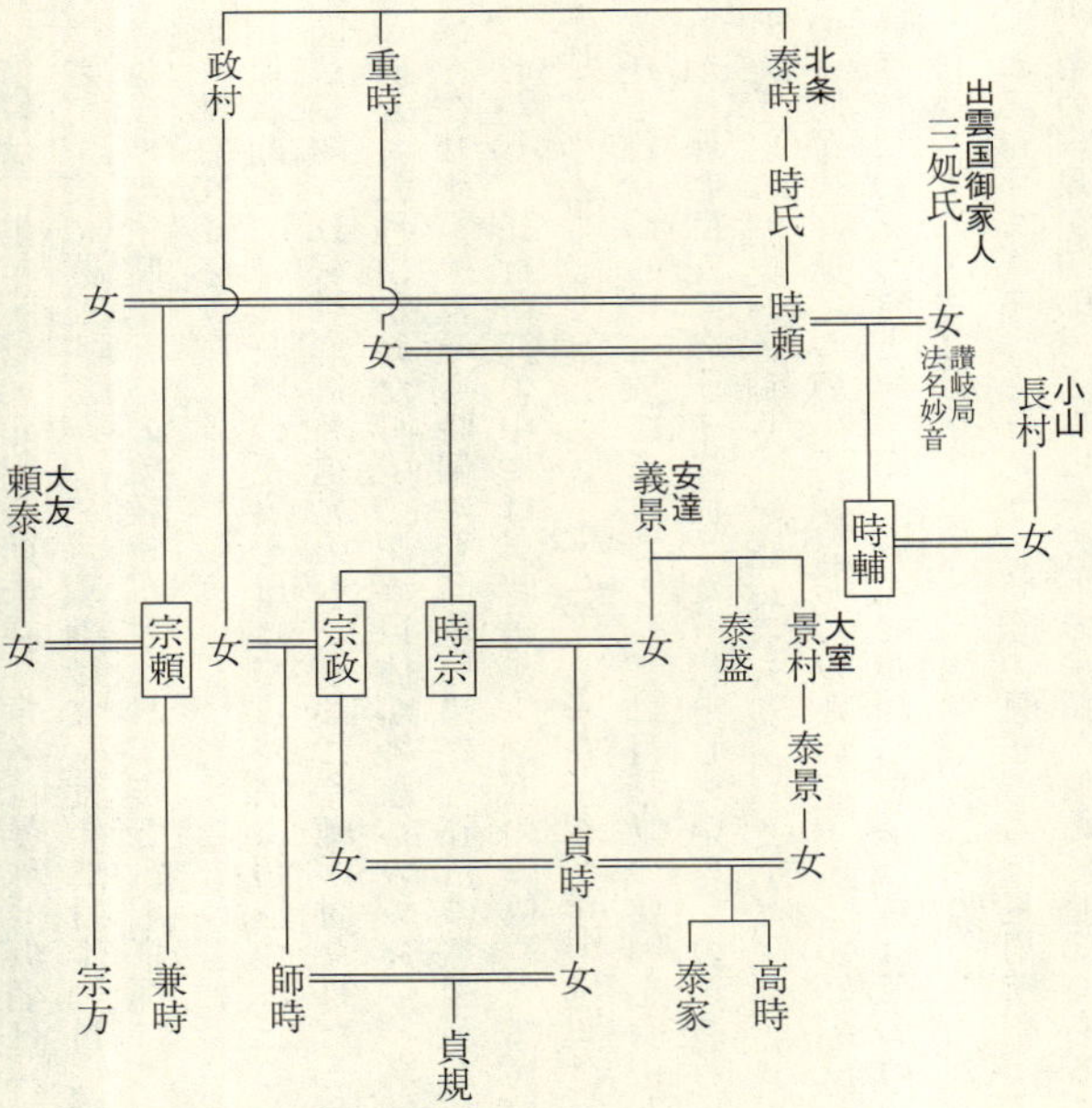

北条時宗兄弟姻戚関係図

系図類では、宗時が「相模五郎」、政頼が「相模六郎」なので、一応、宗政と宗頼の間は埋まるのであるが、宗時は系図類にしか見えない人で存在自体が疑問であり、政頼は『吾妻鏡』に姿を見せるものの、『吾妻鏡』の「相模六郎政頼」は時頼の息子である確証がなく、本当に時頼の息子にこの二人がいたのか怪しい。

ちなみに時厳はお坊さんになって「桜田禅師」と呼ばれた。何番目の息子かはわからない。小さい時からお寺に入っていれば、俗人としての元服はしないから、仮名は付かないので、彼が時輔と時宗の間に生まれた可能性もあるが、わからない。

後述する『吾妻鏡』弘長元年（一二六一）正月四日条の記事からしても、時輔・時宗・宗政・宗頼の間には、他に兄弟がいなかった可能性が高いだろう。

すると長男時輔が三郎、次男時宗が太郎、三男宗政が四郎、四男宗頼が七郎ということになる。メチャクチャである。宗政と宗頼の間に五郎と六郎がいないのも、どうかと思うが、順序としては合っているので、百歩譲って許そう。しかし、長男の時輔が三郎で、次郎はおらず、次男の時宗が太郎というのはメチャクチャである。

長子で庶子

この一見メチャクチャな時頼の息子たちの仮名の意味を教えてくれるのが、『吾妻鏡』弘長元年正月四日条である。この日、時頼は子息たちの序列を定め、時輔（十四歳）は時宗（十一歳）・宗政（九歳）に次ぐ第三位、宗頼の上位とされたのである。以後、幕府公式行事などでの時輔の待遇は、時宗とその同母弟宗政に次ぐ第三位で一貫している。この記事でまったく言及されていないことからしても、宗時・政頼は時頼の息子として存在したとしても、この時点で生まれていなかったか、まだ元服以前で、時厳は生まれていなかったか、すでに寺に入っていたと考えるのが妥当であろう。

時輔元服の段階で、時宗は六歳、宗政は四歳であった。この時、与えられた「相模三郎」の仮名の意味するところは、もう明らかであろう。時頼の後盾とも言うべき連署重時の娘、時頼の正室が生んだ最初の男子である時宗は、誕生の段階で時頼の嫡子の地位が確定していた。すなわち、時宗の誕生と同時に時輔は長子でありながら、庶子であることが決定したのである。時宗と時輔の嫡庶関係を目に見える形で示したのが、「相模太郎」・「相模三郎」という長幼の逆転した二人の仮名である。時輔を「三郎」とし、その半年後に三歳下の時宗を元服させて「太郎」を与え、「次郎」を置かなかったことは、時頼が時宗に嫡子として卓越した地位を与えたことをあらわしている。

長幼の順としてはメチャクチャな時頼の四人の子供たちの仮名は、その嫡庶関係を明示するという非常に重要な意味を持っていたのである。

弘長元年の序列決定は、いわばダメ押しであるが、嫡子時宗の同母弟宗政は、時宗が早世した場合に兄の地位を引き継ぐ役割なのであるから、時輔を時宗・宗政に次ぐ第三位としたこの序列は理に適《かな》っている。差別には違いないが、時輔は庶子なのであり、第三位は妥当な順位である。

そして序列とは逆に、時輔を「三郎」・宗政を「四郎」としたことは、見逃すべきではないと思う。時頼は時輔に嫡子時宗に次ぐ「三郎」を名乗らせているのである。また、宗政・宗頼は、その諱（実名）からして、偏諱を与えた烏帽子親は将軍宗尊親王であったと推定される。それでも、時輔は宗頼の上位とされた。時頼が庶長子である時輔の待遇を慎重に考慮していたことが理解されよう。

時頼の子供たちの中での時輔の位置づけは確かに庶子ではあるが、決して不当なものではない。時頼は仮名までも熟慮したうえで、子息たちの序列を確定することにより、将来の嫡庶争いの発生を防止しようとしたのであって、時輔を冷遇したというのは当たらない。もっとも、時頼が苦労して回避しようとした嫡庶抗争は、二月騒動として現実のものになってしまうのだが。

北条時輔の政治的位置②――烏帽子親

足利家の系譜

時輔の元服は、前述のごとく康元元年（一二五六）八月十一日九歳。烏帽子親は足利利氏《としうじ》（後、頼氏《よりうじ》）。室町幕府を開く尊氏の曾祖父である。時輔はこの時、利氏の偏諱を受けて「時《とき》利《とし》」を名乗ったが、後に改名した。利氏も後、時頼の偏諱を受けて、「頼氏」に改名している。二人の改名を重視する見解もあるが、改名したところで、烏帽子親子関係が解消するわけではない。

足利氏は頼朝の先祖義家の子の一人義国《よしくに》の後胤《こういん》である。義国の子義康《よしやす》が下野国（栃木県）足利荘を領したことから、足利を苗字とした。清和源氏の名門と言えるが、数ある清和源氏諸家の中でも頼朝や北条氏との関係は特に深い。『新約聖書』のキリスト系譜のようにややこしいが、紹介すると次のようになる。

義康の妻で義兼《よしかね》を生んだのは、三種の神器の一つ草薙剣《くさなぎのつるぎ》を奉じることで知られる尾張国（愛知県西部）熱田《あつた》神宮《じんぐう》の大宮司《だいぐうじ》藤原範忠《のりただ》の娘である。範忠の姉妹（季範《すえのり》の娘）が源義朝に嫁して頼朝を生んだことは、よく知られている。つまり、足利義兼の母は頼朝の母の姪なのである。その義兼は北条時政の娘を娶り、義氏《よしうじ》が生まれた。結城朝光と大人げないケンカをした人である。義氏は時政の孫泰時の娘を娶り、泰氏が生まれた。泰氏は泰時の嫡子時氏の娘を娶り、頼氏（利氏）が生まれた。また泰氏は泰時の弟名越朝時の娘との間に家氏を作っている。家氏は頼氏の兄であり、後の室町幕府管領《かんれい》斯波《しば》氏の祖である。

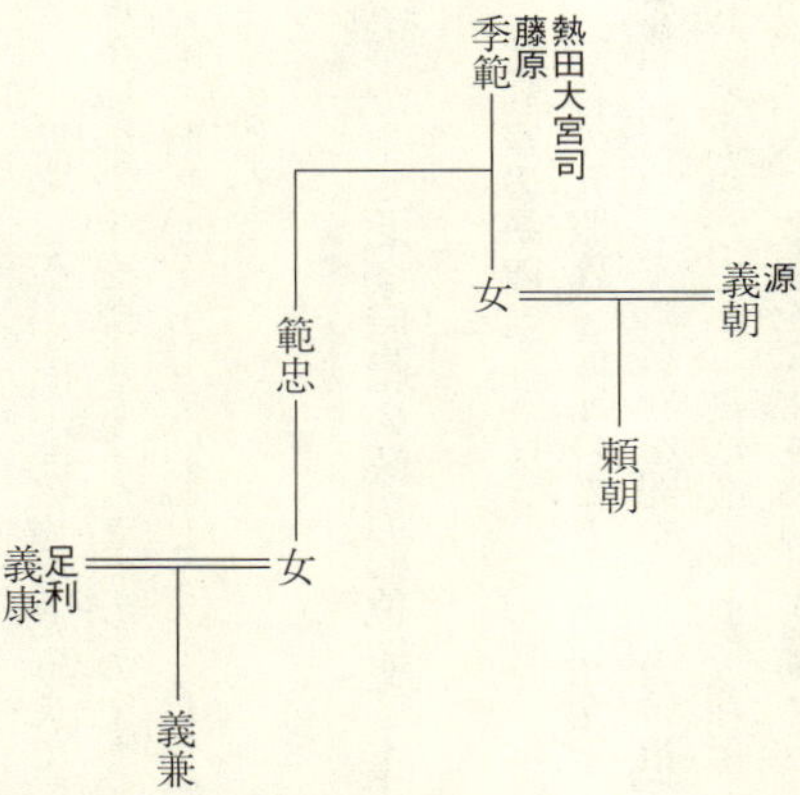

熱田大宮司藤原氏姻戚関係図

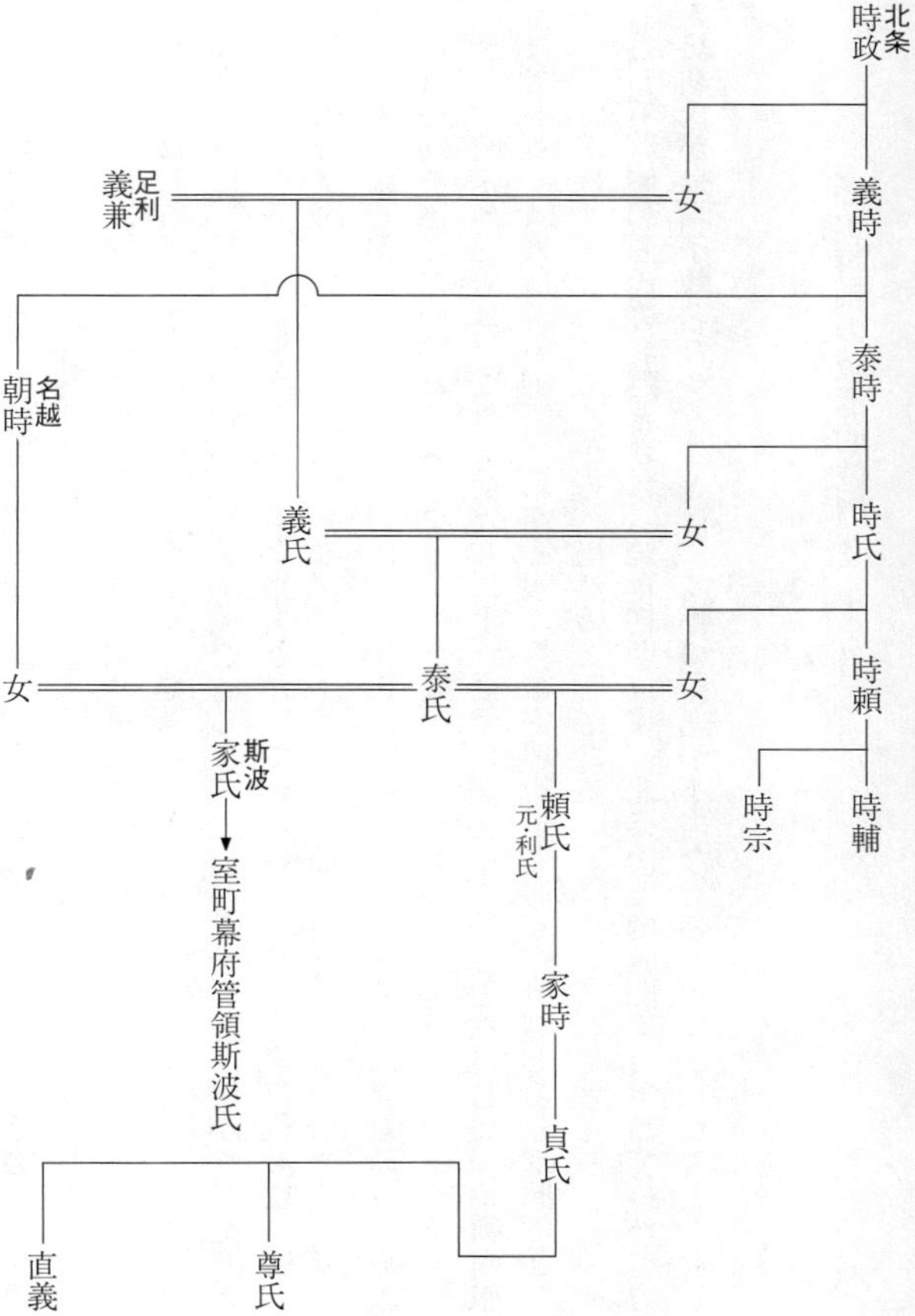
北条
時政
女
義時
足利
義兼
泰時
名越
朝時
女
時氏
義氏
女
時頼
女
泰氏
女
斯波
家氏
室町幕府管領斯波氏
頼氏
元・利氏
時宗
時輔
家時
貞氏
直義
尊氏

北条・足利姻戚関係図

読んでいてイライラしたことと思うが、書く方も大変なのである。この手の文章を書く時は、間違えないように確認をとりながら、まず系図を作り、それを文章化してゆくのである。なるべく簡潔に書いたつもりであるが、結果は、やはりわかりにくい文章になってしまった。なにしろ、私が書いていていイライラしてきた。

ようするに、足利氏は源頼朝と姻戚関係を有し、三代にわたって北条氏から妻を迎え、北条氏家督（得宗）の娘を母とする者が当主となっているのである。源家三代滅亡以降、足利氏が源氏の嫡流と称された由縁である。

頼氏の母は時頼の妹であり、したがって頼氏は時輔の従兄である。時頼は時輔の烏帽子親に自身の甥を選んだのである。

一方、時宗の元服は、これも前述したように翌正嘉元年二月二十六日七歳。時輔元服の半年後である。式場は将軍御所、烏帽子親は将軍宗尊親王であり、時輔との差は歴然としているが、時宗は嫡子なのであるから、当然のことである。

むしろ、清和源氏の名門とされ、鎌倉初期以来、北条氏と姻戚関係を重ねていた有力御家人足利氏が烏帽子親となったことは、時輔の待遇が不当なものではなかったことを示している。

北条時輔の政治的位置③——外戚

庶子の姻戚関係に見える政治的意図

時輔の婚儀は、正嘉《しょうか》二年（一二五八）四月二十五日、十一歳。妻は下野守護小山長村の娘。

時宗の婚儀は、弘長元年（一二六一）四月二十三日、十一歳。妻は安達義景の娘（兄泰盛の養女）。

宗政の婚儀の時期は不明であるが、妻は曾祖父泰時の弟で後に兄時宗の連署となる北条政村の娘である。

宗頼の婚儀も時期は不明だが、妻は豊後（大分県）守護大友頼泰の娘である。

時輔の外戚となった小山氏の始祖は、前にも少し書いたが、承平・天慶の乱で平将門を倒した藤原秀郷である。俵藤太《たわらのとうた》の通称でも知られる秀郷は、将門の他に怪獣のごとき巨大ムカデを倒したという伝説を持っている。この秀郷の後胤である秀郷流藤原氏は、清和源氏・桓武平氏と並ぶ第三の武門の棟梁の家である。奥州藤原氏も歌人西行《さいぎょう》を輩出《はいしゅつ》した都の武士（京武者《きょうむしゃ》）佐藤氏も、この一族である。小山氏は秀郷以後一貫して自家が下野を治めてきた（『吾妻鏡』承元三年十二月十五日条）と自称し、事実、平安時代以来、下野南部とその周辺に強大な勢力を築いていた。頼朝期以来、鎌倉幕府では下総の千葉・相模の三浦と共に三大豪族の地位にあり、鎌倉御家人の中でも最大級の豪族であった。

では、時宗の外戚となった安達氏は、どのような家であろうか。時宗の岳父義景の祖父盛長は三河国（愛知県東部）の武士小野田氏の出身と推定され、源頼朝の乳母比企尼の女婿

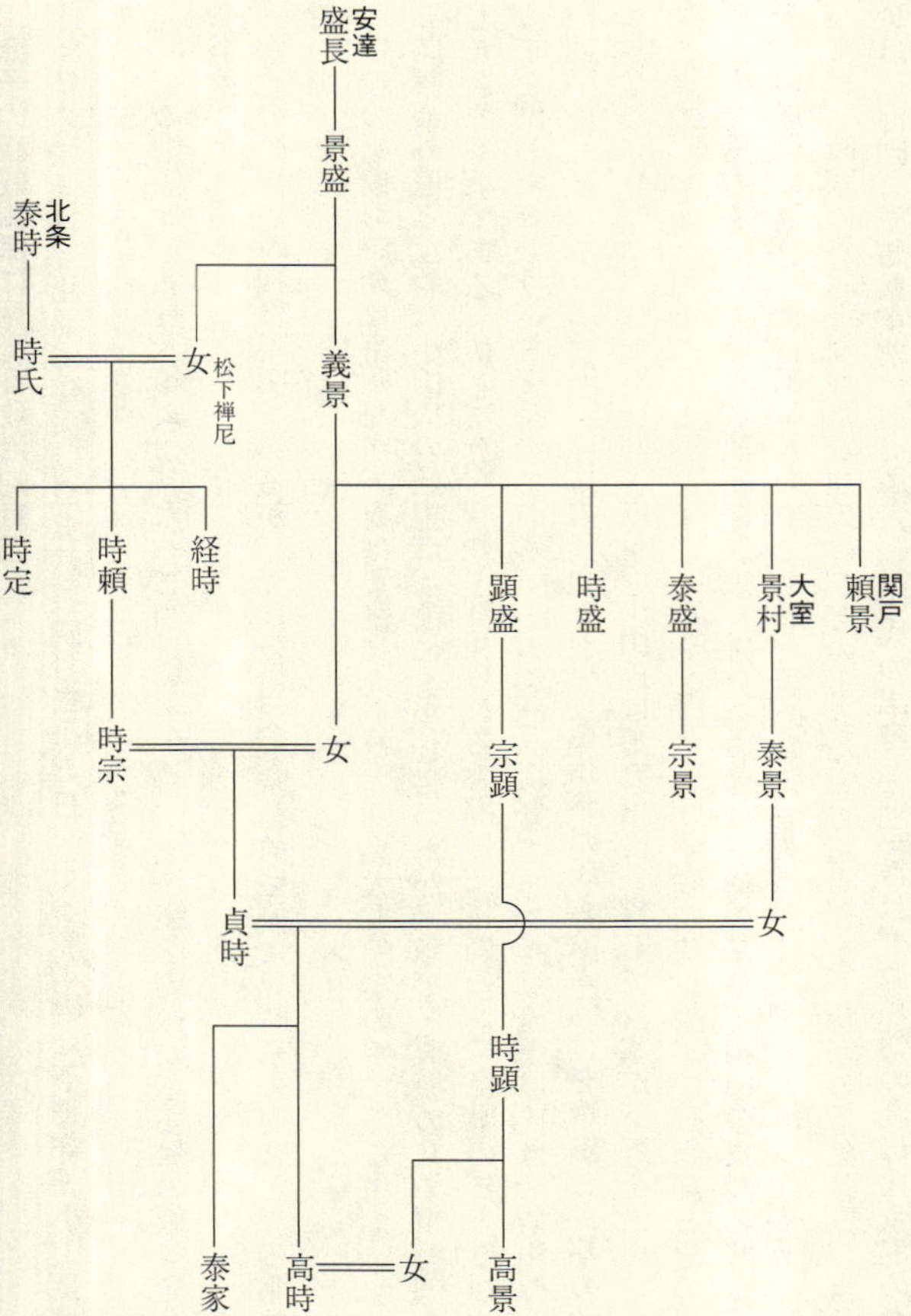

安達
盛長
景盛
北条
泰時
時氏
女
松下禅尼
義景
時定
時頼
経時
顕盛
時盛
泰盛
大室
景村
関戸
頼景
時宗
女
宗顕
宗景
泰景
貞時
女
時顕
泰家
高時
女
高景

安達・北条姻戚関係図

で、流人時代から頼朝に仕えていた。「股肱《ここう》の臣」などと言えば聞こえも良いが、ようするに流人の家来である。これより悲惨な地位も、ちょっとあるまい。頼朝の成功により、その苦労は報われ、盛長とその息子景盛は鎌倉幕府では幹部の地位を得た。盛長以来、北条氏と親しく、景盛は義時政権の最高幹部となっている。景盛の娘（義景の妹）は北条時氏の妻となって経時・時頼・時定兄弟を生んだ。この人が時頼に倹約の大切さを教えようと自ら障子の破れ目を修繕して、その賢母ぶりを兼好法師から激賞された（『徒然草』百八十四段）松下禅尼である。よって時宗は祖母の姪と結婚したのである。

宗政の外戚となった北条政村については、先ほどの説明で充分であろう。

宗頼の外戚となった大友氏は、島津・少弐《しように》（武藤）と並ぶ鎮西（九州）三大豪族の一角であり、守護級豪族という点では小山氏と同様である。しかし、その発展は相模の武士だった始祖能直（頼泰の祖父）が頼朝の近習となり、豊後守護を得てからである。

鎌倉中期、武門の格として小山氏が安達氏や北条氏庶家・大友氏に比して劣るとは言えない。それどころか、小山氏と比べれば、安達も北条も、そして大友も成り上がり者に過ぎないとさえ言えよう。

重要なことは、時輔・時宗兄弟の烏帽子親や外戚を選んだのは、父時頼だということである。そして時宗と宗政は得宗家の嫡子及び嫡子のスペアであり、烏帽子親や外戚はおのずと限定される。

これに対し、庶子である時輔・宗頼のそれは選択の範囲が広く、よって時頼の政治的判断がより反映していると考えられる。

自立志向の小山・結城一族

北関東に盤踞《ばんきょ》する東国豪族型領主は鎌倉幕府からの自立性が強い。時輔と縁を結んだ足利も小山も、この北関東豪族の代表的存在である。

特に小山一門は極めて誇り高く、大兵力を擁して容易には幕府のコントロールを受けない存在であった。

長村の祖父小山朝政は、前述したように元久二年（一二〇五）八月七日、謀反の嫌疑をかけられた宇都宮頼綱の追討を義時の面前で命じられながら、「親戚で仲が良いから」という理由にならない理由で拒絶し、逆に頼綱赦免のために尽力している。

さらに、これもすでに少し記したが、承元三年（一二〇九）、義時が守護交代制を採用しようとした時、下野守護小山朝政・下総守護千葉成胤・相模守護三浦義村の三大豪族は、これに公然と反対し、断念させている（『吾妻鏡』同年十一月二十日・十二月十五日条）。この時、朝政は、

我が小山は秀郷公以来片時も中断することなく十三代数百年下野を治めて来たのであり、頼朝公はこれを守護として承認なされたもので、頼朝公から与えられた新恩ではない（秀郷朝臣、天慶三年更に官苻を賜はるの後、十三代数百歳奉行するの間、片時も中

絶の例無し。ただし右大将家の御時は、建久年中、亡父政光入道、この職を朝政に譲り与ふにつき、安堵の御下文を賜はるばかりなり。あへて新恩の職《しき》にあらず)。

と言い放っている。

さらにさらに、この本でたびたび出て来ている結城朝光は、朝政の異母弟であるが、六十八歳の嘉禎元年(一二三五)五月二十二日評定衆に列しながら、わずか四十日後の閏六月三日、

私は思慮が浅く、良い悪いがわからない人間ですので、意見を申し上げる資格はございません(短慮迷ひやすく、是非を弁《わきま》へざるの間、意見を献ぜんと欲するに所無し)。

と言って辞任してしまっている。

評定は嘉禄元年(一二二五)十二月二十一日、泰時が設置した執権政治期における幕府最高議決機関である。執権が総理大臣、連署が副総理とすれば、評定の構成員である評定衆は鎌倉幕府の国務大臣とも言うべき最高幹部である。

「私はおバカさんなので、評定衆になる資格はありません」というわけであるが、だったら、初めから断ればよい。執権泰時も、

五月に初出席しておいて、今月辞めるというのは、穏やかじゃないじゃないですか?!
(五月初参し、今月辞退す。物忩《ぶっそう》の事か)

とカリカリ怒っているが、もっともな話である。しかし、朝光は、

初出席した日に、すぐ辞退しようと思ったのですが、名誉を子孫に残そうと思って、グズグズ二ヵ月も在職してしまいました。今となっては、もう参加出来ません(初参の日、すなはち辞し申すべしといへども、眉目《びもく》を子葉に貽さんがために、なまじひにその号を懸け、一両月に渉りをはんぬ。今においては参勤しがたし)。

と涼しい顔をしている。わがままな話である。泰時としては、バカにされたようなものであるが、長老なので仕方がない。辞退を許している。
またまた、時頼が三浦氏を滅ぼした宝治合戦直後の宝治元年(一二四七)六月二十九日、本拠地下総から鎌倉に参上した朝光は、時頼の面前で滅亡した三浦泰村のために泣き、あまつさえ、

自分がいれば、容易に泰村を滅ぼさせはしなかった(日阿《(朝光の法名)》、鎌倉に在らしむるにおいては、若狭前司《(三浦泰村)》たやすく誅伐の恥に遇ふべからざるのよし)。

とまで言ってのけている（『吾妻鏡』同日条）。

このような小山・結城一族の武家政権からの自立性は、鎌倉時代以降も変わることなく、南北朝・室町期には鎌倉府を相手とする小山義政・若犬丸の乱、結城合戦を引き起こすこととなるのである。

時頼は、時輔を通じて、これら自立性の強固な豪族領主との紐帯《ちゅうたい》の強化を図ったのではないか。時頼の兄経時がやはり北関東の宇都宮氏を外戚としたこと（宇都宮頼綱の子泰綱の娘が経時の妻）、宗頼が鎮西の雄族大友氏を外戚としたことなどを想起すべきである。

北条時輔の政治的位置④――叙爵年齢

鎌倉武家社会における時輔の位置

第二章第一節「北条氏庶家江間氏」で少し触れたが、叙爵とは従五位下の位階に叙すことである。貴族のランキングを簡単に説明すると、従三位《じゅさんみ》以上（三位以上）を公卿《くぎょう》、正四位上から従五位下まで（四位・五位）が諸大夫《しょだいぶ》、正六位上以下が侍《さむらい》である。上から見るか下から見るかの問題であり、侍身分であっても、無官の人からすれば貴族様であるが、公卿から見れば、諸大夫は家臣、侍は飼い犬のようなものである。であるから、叙爵は、いわば（きちんとした）貴族への登竜門なのである。鎌倉時代は、まだまだ後世に比べれば、武士の身分は低かったので、御家人の大半は無官、つまりただの「ナントカ太郎」とか「カントカ三郎入道」とかであり、侍の身分に入っていれば、じゅうぶん憧れの的《まと》、諸大夫となれるのは幕府の幹部クラスである。であるから、何歳で叙爵するかは、その後の出世にも影響する大問題であった。

時輔の叙爵は、文永二年（一二六五）四月二十一日、十八歳。同時に式部丞に任官した。前年十一月九日、六波羅南方探題として上洛して五ヵ月後であった。

三歳下の時宗の叙爵は十一歳、五歳下の宗政は十三歳であることから、これが時輔が不当な待遇を受けていたとする根拠の一つとされることがある。

しかし、再三述べるが、時宗・宗政と時輔に差があるのは当然のことである。叙爵年齢で時輔の鎌倉幕府における位置を考えるのであれば、他の北条氏一門や北条氏以外の鎌倉幕府中枢構成員とも比較すべきであろう。

得宗一門では、時輔の甥（宗頼の子）兼時は十九歳、その弟宗方《むねかた》は十七歳。文永・弘安年間（一二六四〜八八）前後の政権中枢に地位を得ていた北条氏庶家出身者では、極楽寺流、政村流北条、金沢《かねさわ》などの義時系はいずれも十代後半、大仏《おさらぎ》をはじめとする時房系は二十代前半以後が叙爵年齢の通例である。北条氏以外の家では、武士系・文士（法曹官僚）系いずれも三十代以降がほとんどである。ましてや、一般の御家人であれば、叙爵はおろか、生涯任官しない者も多いことは、さっき述べたとおりである。このような当時の鎌倉武家社会全体の中で見る時、時輔の十八歳での叙爵は、不当はおろか、極めて若年である。

時輔は得宗家の連枝《れんし》（貴人の兄弟）として相応の、つまり鎌倉幕府にあっては極めて高い待遇を受けていたのである。

よって、①嫡庶の順位、②烏帽子親、③外戚、④叙爵年齢などで、時輔は何ら不当な扱いを受けてはいない。得宗家の庶子として相応の待遇であったと結論される。

北条時輔の政治的位置⑤——南方探題就任

西国統治機関としての六波羅探題

では、⑤文永元年（一二六四）十一月九日十七歳での第三代六波羅南方探題就任は、いかに解釈すべきなのであろうか。前述のごとく、先行研究では鎌倉からの追放とする説があるが、やはり大いに疑問がある。

六波羅探題は、承久の乱で鎌倉方大将として京都を制圧した時房・泰時の叔父・甥コンビが、そのまま初代の南方探題・北方探題となったことに始まる。よって、初期の六波羅探題は占領軍司令部の色彩が濃厚であった。南方・北方と言っても、別に京都を南北に分けて担当したわけではない。単に、京都郊外六波羅のかつて清盛流平氏一門が集住していた所に本拠を置き、それぞれの屋敷が双方から見て南側・北側にあったというだけのことである。六波羅探題は組織の名前と二人いる長官の名前が同じため、ややこしくて困るのであるが、南方探題・北方探題と言った場合は、普通、長官を指す。

さて、建前上、日本唯一の政府であるはずの王朝は、承久の乱の敗北以降、急激に統治能力を減退させていった。本拠地京都の治安維持すらおぼつかなくなり、京都市中はもちろん西国（西日本）の治安・警察業務は六波羅探題が担うこととなる。

さらに本来、王朝が裁くことであり、鎌倉幕府が介入する義務も責任もなかったはずの本《ほん》所《じょ》間訴訟（幕府や御家人と無関係の荘園領主同士の紛争）まで、幕府に持ち込まれるようになる。かくて、六波羅探題は占領軍司令部から、王朝の統治能力の不備を補う鎌倉幕府の西国統治機関として整備されてゆくのである。南北両探題の下に、引付頭人《ひきつけとうにん》・評定衆・引付《ひきつけ》衆《しゅう》・奉行人《ぶぎょうにん》という幕府と同様の役職が置かれ、組織としては幕府と比べても遜色のないものとなる。六波羅探題の引付頭人・評定衆・引付衆は幕府のそれと区別して、六波羅引付頭人・六波羅評定衆・六波羅引付衆と呼ばれる。

時輔の南方探題在職は文永元年十一月九日十七歳から同九年二月十五日二十五歳まで。このうち、重時の子である北方探題常葉《ときわ》（北条）時茂が文永七年（一二七〇）正月二十七日に在職のまま没して後、後任の重時の孫（時茂の兄長時の子）赤橋《あかはし》（北条）義宗が同八年十二月十一日に着任するまでほぼ二年間、北方探題は空席、つまり六波羅は南方探題時輔一人に任されていたという事実一つで、追放説は否定されるのではないか。

得宗一門の地方派遣

時輔の就任は、すなわち南方探題府の再建であった。

南方探題は、初代時房の長子である第二代佐介《さすけ》（北条）時盛が仁治三年（一二四二）正月二十九日に帰東して以後、時輔が就任するまで、約二十二年にわたり任命されていなかったのである。二十二年という期間は、単に空席と言うよりも、廃絶と評価すべきであろう。時輔以後はこれほどの空白期間はなく、よって現在では六波羅探題は南・北二人制が原則と考えられており、鎌倉時代を通覧すれば、それで間違いではない。だが、文永元年以前の二十二年間に限れば、六波羅は探題一名というのが常態とされていたとすべきである。時輔の上洛は南方府再建という任務を帯びていたのである。では、なぜ、文永元年という時点で南方府は再建されることとなったのであろうか。

これについては、六波羅探題の機構整備・拡充、特に訴訟機関（裁判所）としての整備がこの時期に本格的に始まることが指摘できる。

鎌倉での引付衆（時頼が建長元年〈一二四九〉に設置。引付頭人の指揮の下、評定の以前に訴訟の予備審理をおこなう役職）経験者が在京のために派遣された初見が、時輔上洛の前年、弘長三年（一二六三）六月二日。

六波羅での評定の初見が文永三年秋。同じく引付の初見が少々遅れて弘安元年（一二七八）十二月。この間、建治《けんじ》三年（一二七七）十二月には当時執権となっていた時宗によって「六波羅政務条々」が決定されている。

時輔の南方探題就任＝南方府再建も、この一連の流れの中にこそ位置づけるべきではないか。

しかも、時輔の京都派遣は、時宗の連署就任の三ヵ月後である。再興南方府の初代探題として、鎌倉幕府は得宗でもある新連署の兄という最高級の貴人を選んだのであり、時輔の派遣は、時宗体制の一翼として、むしろ非常に期待されてのものであったと判断される。

また、時宗・貞時二代の得宗は、近親である得宗一門を地方に派遣した事例が多い。時宗は、建治二年（一二七六）、弟宗頼を周防《すおう》・長門《ながと》（ともに山口県）兼帯守護として現地に派遣。弘安四年（一二八一）、叔父時定を肥前《ひぜん》（佐賀・長崎県）守護に任命。弘安六年五月、宗頼の長子兼時（二十歳）を異国警固のため播磨《はりま》（兵庫県）に派遣。時宗期の事例は以上である。

貞時も、兼時を弘安七年十二月、六波羅南方探題に任命。得宗一門の南方探題任命は時輔に次いで二人目であった。兼時は同十年八月北方に転じ、永仁元年（一二九三）正月いったん東下した後、三月名越（北条）時家と共に鎮西に下向。これが九州支配機構たる鎮西探題《ちんぜいたんだい》設置へとつながる。そして兼時は同三年四月東下して評定衆となったが、九月に急逝した。兼時の弟宗方は永仁五年六月二十歳で六波羅北方探題に就任、正安《しょうあん》二年（一三〇〇）十一月に東下して後は評定衆・四番引付頭人・越訴頭人・侍所所司・得宗家公文所執事（長官）と要職を歴任している。

このように時宗・貞時父子は、叔父・弟・甥・従兄弟を地方に派遣しており、この中にあって時宗の同母弟宗政とその子師時のみが鎌倉に一貫して地位を得続け、宗政は一番引付頭人、師時は執権に昇った。宗政は甥貞時に次ぎ、時宗の後継候補第二位であったから、時宗・貞時は得宗一門を基本的に地方に派遣する方針であったと言えよう。時輔の南方探題就任は、この方針の最初の事例と評価すべきである。兼時・宗方兄弟は六波羅探題に就任し、東下した後は鎌倉で要職に就いているのであるから、時輔の探題就任のみを鎌倉からの追放と解釈するのは恣意的である。

以上のことから、時輔の側には文永九年二月に討たれるべき要因は、極めて薄弱であったと言わざるを得ない。では、なぜ、二月騒動は起こったのか。この要因は時輔・名越兄弟よりも、討伐を決行した時宗の側にあると考えるべきではないか。

二月騒動の経過

不可解な事後処理

さて、二月騒動の経過を記そう。

文永九年（一二七二）。時宗は二十二歳で執権、時輔は二十五歳で六波羅南方探題であった。

二月十一日辰の刻（午前八時頃）、鎌倉において名越時章・教時兄弟の邸を武装部隊が襲撃。合戦の末に、時章は自刃、教時は子息宗教・宗氏と共に討たれた。

時章は五十八歳で一番引付頭人。教時は三十八歳で評定衆であった。幕府に提訴された訴訟の予備審理をおこなう機関を引付方と言い、評定の下に置かれている。当時は、引付方で判決原案が複数作成され、それを評定で審理するのが幕府の裁判のやり方であった。引付方は通常、五つの班に分かれており、これを五方引付と呼ぶ。各班は、一番引付方とか五番引付方と呼ばれる。班長が引付頭人であり、頭人の下に評定衆・引付衆・奉行人が数人ずつ配置されて引付方が構成される。そして評定衆・引付衆には序列があり、評定衆の上位者が引付頭人となるのである。よって、一番引付頭人は評定衆の最高位者ということになる。

つまり、名越時章は当時、執権時宗・連署政村に次ぐ、第三位の幕府首脳であった。教時も当時十五人いた評定衆（引付衆も十五人）の一人であるから、最高幹部の一人である。その名越兄弟が突然殺されたのである。

同日付「関東御教書《かんとうみぎょうしょ》」（御教書そのものは現存せず、これを伝達した二月二十八日付「肥前守護少弐資能書下」〈『武雄《たけお》神社文書』〉によって内容がわかる）に「謀叛を企《くわだ》つの輩《ともがら》有り」の文言があるから、討伐が名越兄弟の謀反を理由としたことは間違いない。

ところが、時章は誤殺とされ、時章を襲った討手の大将五人は、その日のうちに斬首されてしまう。同日付でもう一通、連署政村が単独で発給者となり執権時宗に宛てられた形式の「関東御教書」（『新編追加《しんぺんついか》』）があり、正式に任命された追討使以外の者で攻撃に「左《そう》右無く馳《は》せ向ふの輩においては」みだりに駆け付けた者については重科《じゅうか》（重罪）に処すことが決定されているので、時章殺害は正式の討手でない者が勝手にやったこととされたようである。これが真実なら杜撰《ずさん》にもほどがあろうという話であり、時章としては、たまったものではない。しかも、謀反人のはずの教時の討手には賞罰共になかった。

このように名越兄弟討伐は、殺しそのものは鮮やかなものでありながら、事後処置は何だか、よくわからない、はっきり言ってしまえば、グダグダな状況となったように見える。

しかし、四日後の十五日暁、京都では、鎌倉からの早馬が到着した直後、六波羅北方探題赤橋義宗の手勢が南方探題府を襲い、合戦の中で六波羅は炎上。戦死者・焼死者を多く出し、時輔も討たれた。

時輔の守護分国伯耆《ほうき》（鳥取県西部）は没収。事件の余波として、時宗の外戚安達泰盛の兄である六波羅評定衆関戸《せきど》頼景《よりかげ》が時輔与党として関東に召し下され、所領二ヵ所を没収されて逼塞《ひっそく》。誤殺であったはずの時章の守護分国である筑後（福岡県西南部）・肥後（熊本県）・大隅（鹿児島県大隅半島・奄美列島）の鎮西三ヵ国は、奇怪にも没収され、各々、大友頼泰・安達泰盛・千葉宗胤に分与された。

だが、時章の嫡子で騒動時、引付衆であった公時《きんとき》は、そのまま地位を維持し、翌年六月二十一日には評定衆に昇進。同じ日、時章・教時の弟時基が引付衆に就任し、名越氏は政権中枢では騒動時の地位をほぼ回復しているのである。ほんとに、なんだか、よくわからない。

二月騒動の再評価

潜在的脅威の除去

このように表面的な状況だけを追うと、いかにも怪事件なのであるが、その要因としては、やはり文永五年（一二六八）初頭以来の蒙古の重圧を背景に想定せざるを得ないだろう。対蒙古戦争を必至とした鎌倉幕府は、臨戦体制の構築を目指し、時宗への権力集中を急いでいたと考えられる。

この状勢下にあって、時章・教時兄弟を中心とする名越氏は、得宗家に匹敵する高い家格を有し、鎮西・北陸に六ヵ国に及ぶ守護分国を有していた。しかも能登（石川県北部）・越中（富山県）・越後（新潟県）の北陸三ヵ国は名越兄弟の父である家祖朝時の外戚比企氏の縁を引き、鎮西三ヵ国中の大隅は義時から伝来したもので、いずれもその支配は非常に長く、さらに北陸・鎮西の各国はほぼブロックとして一つのまとまりを形成していた。このような強固な地方組織を基盤として名越氏の総帥時章は時宗政権において、長く一番引付頭人の地位にあり、六年前の将軍宗尊親王上洛に際して反時宗の軍事的示威行動に出た過去を持つ（『吾妻鏡』文永三年七月四日条）弟教時は評定衆、嫡子公時は引付衆を務めていた。家格的にも政治的・軍事的勢力の点でも、名越氏は時宗の権力確立にとって、存在そのものが脅威であり、障害であったのである。これこそが、名越兄弟が討伐されねばならなかった原因である。

では、時輔は何故《なにゆえ》に殺されたのか。究極的には時輔が時宗の異母兄であったことによるであろう。六波羅南方探題として在職七年三ヵ月に及び、うち二年近くを単独で六波羅の運営にあたった時輔は、西国に相応の勢力を築いたと考えられる。『五代帝王物語』に記された「さしも人のおぢ恐《おそれ》てありしに」の一文は、王朝貴族の目に映った時輔の勢威を物語る。六波羅における時輔の勢力伸長が、時宗政権によって期待され育成された結果であることは前述のごとくであるが、文永五年の蒙古国書の到来以降、状勢は次第に変化し、執権の異母兄である南方探題は、名越兄弟同様に、存在そのものが時宗への権力集中に不満を抱く勢力の結集点となる可能性を持ったのではないか。

次に、事件の首謀者は誰か。たしかに、事実経過はいかにも異様な展開となった。しかし、確実に指摘できるのは、この事件の受益者は時宗であるということである。

泰時・朝時兄弟以来の得宗家と名越氏の嫡庶争いは、この事件によって得宗家の勝利に帰したのであり、当時最大級の分国を有していた名越氏の勢力を半減させたことは、政治的・軍事的にも得宗家の卓越した地位をもたらした。また、鎮西三ヵ国は、対蒙古防衛の拠点であり、これを没収したことは、その後の対蒙古政策に重要な意味を持っていた。

そして時章の討手として処刑された五人のうち四人は御内人《みうちびと》、すなわち時宗の家臣であり（残る一人は政村の家臣）、名越兄弟討伐が時宗個人の軍事力によって遂行されたことは、明らかである。よって、この事件を指揮したのが、時宗その人であったとすることは、動かし難いであろう。

そうであったとすれば、謀反を理由に二人の人間を殺させておきながら、即座に一人は無実として実行為者を処刑し、謀反人であるはずのもう一人の討手にも賞を与えず、しかも無実のはずの者の有していた権益は没収するという名越兄弟討伐での時宗の行動は、一貫性がないどころか、デタラメである。

ここに事件の背景に、時宗の膝下《しっか》での派閥対立を想定する見解が出される理由がある。だが、一見デタラメな行為をなしながら、前述のごとく時宗は利益を確実に手にしている。無実の表明や討手を褒賞しないことは、謀反人とされた者の名誉回復の一種であり、それは名越兄弟の遺族に対する慰撫を意味する。時宗は、名越氏との全面的な武力衝突という無用で危険な事態を阻止するため、いわばピンポイントで標的を選定し、これを殺害したうえで、混乱の拡大を避けるための事後処置を即座にとったと言うことができるのではないか。

かつて源頼朝は確信的な決意をもって当時突出した勢力を有していた上総広常を殺害させておきながら、直後にその無実を認め、名誉回復をおこなうと共に縁座して囚人となっていた広常の弟たちを「厚免《こうめん》」しているのである（『愚管抄』六。『吾妻鏡』元暦元年正月十七日条）。

武威の発動

しかし、では、名越兄弟にも時輔にも、ずっと穏健な手段である解任、同じ殺害するにしても、もっとロー・コストで確実な誘殺あるいは暗殺という選択肢は、何故に採られなかったのであろうか。

時輔の後任であった佐介（北条）時国は、時宗卒去直後の弘安七年（一二八四）六月二十日「悪行に依り」南方探題を解任されて東下、七月十四日出家し、十月三日下向先の常陸に誅されている。このような方法も選択肢としてはあり得たはずである。

また、源頼朝による寿永二年（一一八三）十二月二十二日の上総広常殺害（『千葉系図』）、元暦元年（一一八四）六月十六日の一条忠頼殺害（『吾妻鏡』同日条）は、暗殺が採用されている。

むしろ、二月騒動にあっては、暴力の発動それ自体が目的化していたとすら考えられる。鎌倉幕府の歴史は内紛と戦乱の連続という印象があり、合戦の中には犠牲者数百人以上の規模のものがいくつもある。二月騒動は、奇襲であったため戦乱自体は比較的小規模に終わっており、しかも発生時期が蒙古襲来の直前、宝治元年（一二四七）六月の宝治合戦・弘安八年十一月の霜月騒動という最大級の内戦の間に位置していることから、著名な事件でありながら印象が薄く、その政治的評価も低いように思われる。

だが、戦乱の規模とその政治的影響の大小は、密接に関わるとはいえ、本質的には別個の問題である。そこで、二月騒動を鎌倉幕府の事件史の中であらためて解釈してみると、次のごとくになる。

①鎌倉幕府の内紛に因する戦乱は、宝治合戦以来二十五年ぶりであること。

しかも、『吾妻鏡』によれば、宝治合戦は北条・三浦双方の主戦派によって引き起こされたものであり、執権時頼は終始戦乱回避に向けて努力していた（『吾妻鏡』宝治元年四月十一日・五月六日・五月十三日・五月二十七日・六月四日・六月五日条）。ことの真偽は別にして、これを鎌倉幕府の公式見解として認めれば、時頼は積極的に武力行使を断行したわけではないことになる。

②京都における合戦は、承久の乱以来五十一年ぶりであること。

文永九年当時の西国支配層の人々にとって、武士の合戦は遥か彼方の地で起こる物語であり、感覚的には軍記物の世界と等しかったのではないか。

③北条氏の内訌において、家督の命により、その兄弟が殺害されたのは、これが唯一の事例であること。

④北条氏の内訌において、家督の命により、一家一門が殺害された事例は、これが最初であること。

寛元《かんげん》四年（一二四六）宮騒動で、名越時幸（時章・教時の兄）は自害している（『葉黄記』同年六月五日条）が、これは詰腹《つめばら》を切らされたもので、攻め殺されたわけではない。また、『吾妻鏡』では、時幸は五月二十五日病により出家、六月一日没と病没のごとく記している（『吾妻鏡』各日条）。

⑤鎌倉幕府の首班（将軍・得宗・執権）の命により、その一家一門が殺害された事例は、牧氏の変における平賀朝政殺害（『吾妻鏡』元久二年〈一二〇五〉閏七月二十六日条）以来、六十七年ぶりであること。

しかも、実際に朝政誅伐を決定したのは、義時・大江広元・安達景盛の合議であり、当時十四歳の将軍実朝は関わっていない。

⑥鎌倉幕府の首班の命により、その兄弟が殺害された事例は、源頼朝による義経殺害以

来、八十三年ぶりであること。

元久元年七月十八日の源頼家殺害は、『愚管抄』六では暗殺だが、『吾妻鏡』同月十九日条は単に「薨《こう》じ給《たま》ふ」と記すのみである。密殺であり、攻め殺したわけではない。また、十三歳の将軍実朝は実質上関わっていない。

鎌倉での武力衝突は四半世紀ぶり、京都が戦場となったのは実に半世紀ぶりである。しかも、その犠牲者は実の兄を含めた執権の一家一門であった。二月騒動が当時の人々に与えた衝撃は、実際の戦闘の規模を越え、今日我々が考えるより、遥かに大きかったのではないか。

時宗は、名越兄弟には子飼いの戦闘部隊と言うべき御内人を出撃させ、時輔に対しては六波羅北方探題の軍事力を差し向けた。鎌倉では時宗個人の軍事力が誇示され、京都にあっては執権としての公的な軍事指揮権が発動されたのである。さらに時章の討手には誤殺であったとして、つまり時宗の命に反したことを理由に、その行動が時宗への忠節の故であったにもかかわらず、斬首という峻烈な処分を下した。

この一連の事態で示されたのは、時宗の意に反する者は、たとえ肉親であろうとも、容赦なく粛清されるという事実であり、時宗はその意志の実現のためには、一武人としても公人としても、自己の有する軍事力を躊躇《ちゅうちょ》なく発動する者であるということである。

二月騒動に見せた時宗の武威は、二度の元使斬首、蒙古軍の出撃地点である高麗《こうらい》をこちらから攻撃しようとした再度にわたる異国征伐計画など、彼のその後の対蒙古政策に通じる。特に異国征伐計画は、彼我の国力の相違を客観視できる我々からすれば、その夜郎自大《やろうじだい》ぶりは、誇大妄想的ですらある。果断とも野蛮とも評しうるこのような武力偏重、すなわち凶暴と言い得るほどの暴力主義は、時宗政権、そして時宗という政治家個人の本質の一つと評価できるであろう。

権力の確立

二月騒動以降、時宗への権力集中は急速に進む。二月騒動によって時宗は自身の権力基盤を盤石なものとし、以後、彼への反対者には遁世の道しか残されていなかった。

評定衆安達時盛（時宗の妻の兄）は、建治二年（一二七六）九月遁世して寿福寺に入り、「所帯、悉《ことごと》く収公」され、弘安八年（一二八五）六月に時盛が没した際には、義絶されていたため嫡兄泰盛はじめ兄弟は服喪しなかった。翌建治三年五月には連署塩田（北条）義政が突如、信濃国（長野県）善光寺に走るという遁世事件が発生し、やはり所帯を収公された。

建治元年末前後におこなわれた十一ヵ国という空前絶後の守護の一斉大交替に反発を抱く者は、誰もが四年前の名越兄弟と時輔の無惨な最期を思い浮かべずにはゆかなかったであろう。

名越兄弟にしろ時輔にしろ、文永九年二月の時点で、謀反を企図していたことを裏づける史料は存在しない。だが、対蒙古戦争遂行のために絶対的な権力の確立を急いでいた時宗にとって、名越氏の存在は障害であり、時輔は将来あらわれるであろう反対派の結集点になる可能性を持っていたのである。

時宗は名越兄弟と時輔を攻め滅ぼすことによって、自身の意向に反する者の末路を示してみせたのであった。恐怖は権威の構成要素の一つなのである。道理（人のおこなうべき正しい道）や撫民《ぶみん》（民をかわいがること）を口にしようとも、武家政権の権力の根源は強制力にあり、武士の本質は白刃を振るい、矢を放ち、躊躇なく人を殺す暴力にある。武門の棟梁の権威と権力の源泉は、他者に理不尽な死を強いる強制力なのであり、当時の皇族将軍に欠けていたものは、まさしくこの点ではなかったか。時宗は、二月騒動によって、自己を非情・酷烈《こくれつ》の指導者として、世人に対し演出して見せたのであり、それは時宗の独裁権力確立をもたらしたのである。

酷烈の自画像

次章に見るように、時宗の権威と権力は、父時頼・外祖父重時ら周囲の人々によって、演出され育成されてきたものであった。時宗は他者から与えられた権威と権力を、二月騒動によって自ら確立した。いわば、時宗は自ら筆をとって自己の肖像に眼《まなこ》を描き入れ、自身を荒ぶる龍として描き出したのである。

兄の滅亡を聞いた時、果たして時宗は泣いたであろうか。それは、わからない。しかし、時宗は自分は涙を流してはならないのだと思っていたのではないだろうか。意に添わぬ者は、たとえ兄であろうと、一門であろうと、容赦なく殺す鋼鉄の意志の人であらねばならない——史上最強の敵、蒙古帝国と戦おうとしていた二十二歳の時宗は、強くそう思っていたのではないか。

二月騒動を契機として、その相貌《そうぼう》に酷烈の度を深めていった時宗の政権によって、武士たちは御家人・非御家人の別なく未曾有《みぞう》の軍事動員に駆り立てられ、寺社・本所もまた鎌倉幕府より空前の干渉を受けることとなる。しかし、これら世人の不満・批判は、すべて時宗への畏怖《いふ》によって封じられたのではないか。

出口を失った怨嗟《えんさ》は、実弟の命によって殺された青年への同情に形を変え、時輔の生存・廻国の物語となって、時宗政権下の日本列島に、さながら地下水脈のごとく流れ続け、兄を殺すことによって独裁者としての自己を確立した弟の卒去を契機として、鎌倉幕府が無視し得ないほどの規模で歴史の表面へと湧き出で《い》たのである。

第四章　辺境の独裁者──四人目の源氏将軍が意味するもの

鎌倉将軍の系譜

源氏将軍・摂家将軍・親王将軍

江戸幕府は徳川家康の征夷大将軍任官から大政奉還まで二百六十四年。将軍は徳川氏、十五代。室町幕府は『建武式目』発布から足利義昭の京都追放まで二百三十七年。将軍は足利氏、やはり十五代。これに対し、鎌倉幕府は頼朝の鎌倉入りから数えても百五十三年。将軍は九代。

しかし、江戸幕府には鎌倉幕府・室町幕府・織田政権・豊臣政権、室町幕府には鎌倉幕府という先例があったのだから、まだ楽である。鎌倉幕府が武家政権の先例として学び得たのは、東北の地方政権に過ぎなかった奥州藤原氏の平泉政権、王朝の内部に入り込んだ清盛流平氏の六波羅政権くらいであるから、鎌倉幕府はほとんど手探りで試行錯誤を繰り返しながら歩んだのであり、百五十三年というのは、がんばった方であろう。

室町・江戸両幕府と鎌倉幕府の最大の相違点は、将軍が一つの家の世襲とならなかった点である。この点は一般の人が特に不思議に思う鎌倉幕府の妙なところである。「室町幕府も、江戸幕府も、将軍家は一つなのに、鎌倉幕府は、なぜ将軍家がコロコロ替わったのか？ それで何の問題もなかったのか？ 当時の人々は、それで納得していたのか？ だいたい、御家人、つまり将軍の家来である北条氏が、なぜ、勝手に将軍をスゲ替えることができたのか？」

ということである。

鎌倉将軍は源氏将軍三代・摂家《せっけ》将軍二代・親王《しんのう》将軍四代に分けられる。源氏将軍、あるいは源家三代とは、言うまでもないが源頼朝とその息子頼家・実朝の二世代三人である。摂家将軍とは、頼朝の妹の曾孫で摂関家藤原氏（九条《くじょう》家）出身の藤原頼経《よりつね》とその息子頼嗣《よりつぐ》の二代。親王将軍は、皇族将軍・宮《みや》将軍ともいい、宗尊親王・惟康親王父子二代と久明《ひさあきら》親王・守《もり》邦《くに》親王父子二代の四人である。

摂家将軍とは、摂政（簡単に言えば、天皇代理）・関白（簡単に言えば、天皇相談役）を独占する王朝貴族の頂点、摂関家藤原氏（鎌倉時代に近衛《このえ》・鷹司《たかつかさ》・九条・二条《にじょう》・一条《いちじょう》の五家に分裂。五摂家《ごせっけ》と言う）出身の将軍という意味である。藤原頼経は頼朝の妹の曾孫であるが、摂関家の貴公子であった。例によって系譜を記すとゴチャゴチャするのであるが、書いておこう。

頼朝の妹は王朝貴族一条能保《よしやす》（五摂家の一つである一条家とは別の家）に嫁ぎ、二人の娘が生まれた。この頃、摂関家は近衛流と九条流に分裂していたが、能保の娘の一人は、頼朝と親しかった九条流初代兼実《かねざね》の嫡子良経《よしつね》に嫁ぎ、道家が生まれた。能保のもう一人の娘全子《ぜんし》は、王朝貴族西園寺公経《さいおんじきんつね》に嫁ぎ、娘綸子《りんし》が生まれた。そして九条道家と西園寺綸子が従兄妹同士で結婚して生まれたのが、頼経なのである。第二章に出て来た実朝暗殺後に義時によって鎌倉に迎えられた三寅が、この人である。

第二章の記述と少しかぶるが、実朝没後の鎌倉将軍の変遷について、まとめてみよう。

頼経は建保六年（一二一八）正月十六日の寅の刻（午前四時頃）に生まれたのであるが、建保六年は寅年、正月は寅の月であったため、寅年の寅の月の寅の刻に生まれたことから、童名を「三寅」と命名されたのである。

翌承久元年正月二十七日、実朝が右大臣拝賀に訪れた鶴岡八幡宮で甥（兄頼家の子）である鶴岡別当公暁に暗殺されると、鎌倉幕府はかねての約束どおり皇子の一人を将軍としてくれるように後鳥羽上皇に願い出た。実朝になかなか子供が生まれなかったため、母の北条政子がわざわざ京都に行って、実朝に男子が出来る前に万一の事があった場合、皇子を将軍にしてくれるように予約してあったのである。ところが、幕府嫌いの後鳥羽は、将軍家の断絶を幕府を潰す好機と見て、「将来、日本国を二分するような真似は出来ないね（イカニ将来ニコノ日本国二ニ分ル事ヲバシヲカンゾ）」（『愚管抄』六）と言って、皇子の鎌倉下向を拒否。困った執権義時ら当時の幕府首脳部が「頼朝様と血が繋がっているンだよ！」とばかりに選んだのが、三寅なのである。つまり、三寅は代打の将軍であった。三寅は同年七月十九日鎌倉に到着した。この時、数え年では二歳であるが、満年齢なら一歳七ヵ月。赤ん坊である。以後、三寅は「若君」と呼ばれ、将来の将軍候補として大切に育てられることとなる。おっかない鎌倉幕府の主人が一歳半の赤ん坊。妙ちきりんな話であるが、事実である。

三寅は嘉禄元年（一二二五）十二月二十九日、八歳で元服し「藤原（九条）頼経」となり、一ヵ月後の翌二年正月二十七日、めでたく征夷大将軍となった。

寛元二年（一二四四）四月二十八日、二十七歳となった頼経は、一週間前に元服したばかりの六歳の息子頼嗣に将軍職を譲り、翌三年八月五日には出家するが、元将軍、そして現将軍の父として権勢を振るい、執権経時、その後を継いだ時頼と揉め、寛元四年七月十一日、鎌倉を追放され、京都に送還されるに至る（宮騒動）。

頼経の追放から六年後の建長四年（一二五二）三月二十一日、十四歳の五代将軍頼嗣も鎌倉を追われ、入れ替わりに四月一日、十一歳の宗尊親王が鎌倉に入った。この日付の宗尊を将軍に任ずる宣旨（天皇の命令書）は五日に鎌倉に到着。以後、鎌倉幕府は滅亡までの八十一年間、皇族を将軍に戴くことになるのである。

親王将軍初代宗尊親王は第八十八代後嵯峨《ごさが》天皇の皇子で、第八十九代後深草《ごふかくさ》天皇（持明院統初代）・第九十代亀山《かめやま》天皇（大覚寺統初代）の兄である。そして八代将軍久明親王は後深草天皇の皇子・第九十二代伏見《ふしみ》天皇の弟であり、よって宗尊親王の甥、宗尊の王子七代将軍惟康親王の従弟である。

血統を繋ごうという努力

さて、スッタモンダの末に四代将軍候補に選ばれた藤原頼経は、三代実朝からすれば叔母の曾孫である。現代であれば、ほとんど親戚付き合いはあるまい。少なくとも、私だったら伯母や叔母の曾孫が突然、「親戚なんだから、お年玉をください」と言ってきたら、「はァ?!」と言って、お引き取り願う。鎌倉時代は現代より血族の認識が広いので、頼経は源氏将軍の血縁者と認識されたようであるが、しかし、頼朝の血を引いているとは、さすがに言えない。それは幕府もわかっていたようで、寛喜《かんぎ》二年（一二三〇）十二月九日、頼経は頼家の娘竹御所《たけのごしょ》と結婚している。当時、頼経は十三歳、竹御所は二十八歳。政略結婚以外の何物でもなく、幕府が頼朝の血統を将軍家として存続させようとナリフリかまわず努力していたことがわかる。しかし、頼経と竹御所の間には、ついに男子が生まれることはなかった。また、惟康親王の王女は久明親王に嫁ぎ、彼女が生んだ守邦親王が鎌倉最後の将軍となる。

これらのことは、鎌倉幕府が将軍の血統をなんとか繋ごうと努力していたことの証《あかし》である。頼経・頼嗣・宗尊の将軍交替も、時々の政治問題の結果であり、北条氏は気まぐれで気楽に将軍をスゲ替えていたわけではない。

将軍家がコロコロ替わったことに、当時の人々が何の問題も感じていなかったわけではないのである。大いに問題だと思ったから、なんとか血統を繋ごうと努力（ツジツマ合わせ）をしたのである。しかし、現実としては将軍家はコロコロ替わってしまい、ツジツマ合わせも、うまくいかなかったというのが、史実である。そしてその原因を遡れば、結局、実朝暗殺によって頼朝の血統が絶えてしまったことに辿り着く。
ところが、鎌倉幕府には、実は四人目の源氏将軍がいたのである。七代将軍惟康である。

氏・姓・苗字

苗字の成り立ち

第七代鎌倉将軍惟康は、今日、一般には「惟康親王」の呼称で知られている。親王は皇族男子の中でも皇位継承有資格者の称号であり、親王となるためには天皇から親王宣下というものを受けなければならない。親王宣下を受けない皇族は、ただの王である。長屋王《ながやおう》とか塩焼王《しおやきおう》とか黄文王《きぶみおう》というのが、これである（奈良時代の皇族は、どうしてこうも変な名前の人が多いのだろう）。同様に皇族女子の場合は、内親王・女王である。さらに、出家した後に親王宣下を受けた皇族は法親王《ほっしんのう》、親王が出家すると入道親王《にゅうどうしんのう》と呼ばれることになっているが、これは実際にはゴチャゴチャになっており、同じ人が法親王とも入道親王とも呼ばれている。

また、皇族がその身分を離れること、わかりやすく言えば、皇族をやめて普通の人間になることを「臣籍降下」という。このためには、「賜姓《しせい》」といって、天皇から氏《うじ》を与えられなければならない。本来、姓をいただくのが「賜姓」であるが、現実には姓も氏もいただくことを「賜姓」と言っている。

話が脱線してきたが、日本の皇族には氏や苗字がない。秩父宮とか秋篠宮とかいうのは、称号であって、氏や苗字ではないのである。現代では、氏と姓と苗字は「家の名前」という同じ意味で使われている。私は細川重男であるが、細川は氏とも姓とも苗字とも言うではないか。しかし、氏と姓と苗字は、本来、別のものである。氏は一族の名、姓（訓読みで「かばね」）は天皇が与える一族の称号、苗字は氏の中に自然成立した家の名と思えば、よろしい。古代の豪族を例にすれば、中大兄皇子（天智天皇）の相方として有名な中臣連鎌足《なかとみのむらじかまたり》であるが、この場合、中臣が氏、連が姓、鎌足が個人名である。ところが、天智八年（六六九）に五十六歳で没する（いい歳をして落馬が原因らしい）前日、天智より藤原の氏を賜姓された。であるから、鎌足が藤原鎌足であったのは、足掛け二日である。姓は連のままだったらしいが、天智の弟天武天皇が天武十三年（六八四）に姓を八種類に整理した八色《やくさ》の姓《かばね》で新設の朝臣《あそん》となった。さらに、文武天皇二年（六九八）、鎌足の子不比等がそれまで中臣氏の中でわりとルーズに使われていた藤原の氏を自分に限定されることに成功した。かくて貴族の大族藤原氏は、鎌足―不比等の子孫として成立したのである。

同様に、紀とか清原・賀茂などなど、清和源氏の源、桓武平氏の平も、氏であって、苗字ではない。

では、苗字とは何かと言えば、すでに記したように氏の中に出来る家の名である。有力な氏は一族がウジャウジャ増える。その結果、「藤原さん」だらけ、「源さん」だらけ、「平さん」だらけになって、区別が出来なくなる。で、区別するために出来たのが苗字なのである。

清和源氏の足利や武田、桓武平氏の北条や織田などは、その家の先祖の住所の地名を名乗った苗字である。「木工助の藤原氏」で工藤、「伊豆守の藤原氏」で伊藤など、先祖の任官した官職と氏を合わせた苗字もある。

いずれにしても、区別の必要上出来たものである。わかりやすく言えば、私は江戸川区の小岩に住んでいるが、台東区浅草橋に住んでいる叔父さんに電話する場合、

「細川さんですか？　細川ですけど」

では、わけがわからないので、

「浅草橋ですか？　小岩ですけど」

と言う。これである。今日、「静岡のおばさん」とか「北海道のおじさん」とか言うであろう。これが昔の苗字の始まりと思えばよい。

だいぶ遠回りしてしまったが、皇族が臣籍降下する時は、天皇から氏と姓を与えられる。これが賜姓である。桓武天皇の曾孫高望《たかもち》王は平の氏と朝臣《あそん》の姓を与えられて平高望（平朝臣高望）となり、これが桓武平氏の始まりである。また清和天皇の孫経基《つねもと》王は源の氏と朝臣の姓を与えられて源経基（源朝臣経基）となり、清和源氏の祖となった。

ちなみに桓武平氏とは「桓武天皇の子孫の平氏」、清和源氏とは「清和天皇の子孫の源氏」を意味する。なぜ、御先祖の天皇の名をわざわざ氏の上に付けるかと言えば、他にも平氏・源氏がいて、これらと区別する必要があるからである。たとえば、光孝天皇の子孫の平

氏は光孝平氏、嵯峨天皇の子孫の源氏は嵯峨源氏と呼ばれる。
武家の大族佐々木氏は、宇多天皇の子孫の宇多源氏の一族であり、源が氏で佐々木は苗字だが、佐々木氏内部には多くの家が成立した。第三章の冒頭に出て来た塩冶頼泰は、宇多源氏の中の佐々木氏の中の塩冶氏ということになる。同様のものとしては、桓武平氏の中の北条氏の中の名越氏がこの本の中に出て来た例である。

後嵯峨源氏源惟康

語られぬ将軍

さて、基本情報を整理したところで、いよいよ鎌倉七代将軍「惟康親王」の履歴を述べよう。

はじめに記しておくが、惟康はまったく人格がわからない。彼の性格を伝える史料は絶無なのである。惟康については、その官職歴を羅列した史料や公式行事への参加の様子をたんたんと記した史料しか残されていない。

これは『吾妻鏡』のような詳細な記録が後期鎌倉幕府には存在しないことが第一の要因である。しかし、それにしても惟康が何らかの政治的行動をしていれば、それを記していそうな史料が当該期にないわけではない。にもかかわらず、そのような記録がまったく存在しないことは、惟康が完全に装飾的存在、お飾りの将軍であったことを示している。

実権を喪失していた将軍の履歴にこだわるなど、不毛の誹《そし》りを受けるやもしれないが、私は敢えて、これにこだわってみたい。すなわち、この問題を探究することは、惟康を将軍として推戴し続けた北条時宗政権の実態を明らかにすることになると考えるからである。

以下の経歴は、主に『鎌倉年代記』『武家年代記』『将軍執権次第』などによるものである。読者からしてみれば、つまらない記事だと思うが、とりあえずお付き合いいただきたい。

惟康は文永元年（一二六四）四月二十九日、鎌倉に生まれた。母は、父宗尊親王の正妻、摂政藤原（近衛）兼経の娘宰子。

同三年七月二十二日、わずか三歳で従四位下に叙し、同時に征夷大将軍に任官した。この段階では、親王宣下は受けておらず、ただの「惟康王」である。

同七年二月二十三日、七歳で執権北条政村を加冠役（烏帽子親）として元服（『鎌倉年代記裏書』同年条）。

同年十二月二十日、源氏賜姓を受け、従三位に叙し左近衛中将に任官。

翌八年二月、八歳で尾張権守を兼ねる。

翌九年正月五日、九歳で従二位に叙す。

同十一年八月一日、十一歳で父宗尊の薨去により服喪したが、七ヵ月後の建治元年（一二七五）三月、除服（喪が明けること）により復任した。

建治二年（一二七六）正月二十三日、十三歳で讃岐権守を兼ねる。

弘安二年（一二七九）正月五日、十六歳で正二位に叙す。

同十年六月五日、二十四歳で中納言・右近衛大将に任官。

しかし、同年九月二十六日、右近衛大将を辞し、十月四日、親王宣下を受け、二品《にほん》親王（品位は親王の位階）となったのである。

そして二年後の正応二年（一二八九）九月十四日、二十六歳で将軍を辞し、上洛。十二月六日、出家を遂げた。『とはずがたり』によれば、嵯峨の地に隠棲したようである。その後の動静はまったく不明で、三十七年後の嘉暦元年（一三二六）十一月一日、六十三歳で薨《こう》じた（『継塵記』）。


ほ〜〜〜れ！　言ったとおりつまらない文章で、あきてしまった方もいると思うが、子細に見ると、惟康の経歴は皇族・貴族として極めて異様なものである。

源氏将軍と時宗

もっとも目を引くのは、将軍就任四年後の七歳での源氏賜姓であろう。これによって惟康は皇族を離れ、王朝貴族「源朝臣惟康」となった。

惟康はいわば後嵯峨源氏なのであり、まごうことなく四人目の源氏将軍であった。

異様さで源氏賜姓を越えるのは、二十四歳での親王宣下である。ここで初めて惟康は「惟康親王」になったのであるが、賜姓を受けて臣下になった皇孫が親王宣下を受けたのは、おそらく空前の事態である。

第五十九代宇多天皇は源氏賜姓を受けて源定省《さだみ》を称していたが、父である第五十八代光孝天皇の希望で仁和《にんな》三年（八八七）親王宣下を受け、即位した。当時すでに譲位して上皇（太上天皇、元天皇）になっていた第五十七代陽成《ようぜい》天皇は、宇多天皇について「今の天皇は、もともと私の家来じゃないか（当代は家人にはあらずや）」（『大鏡』巻一「五十九代　宇多天皇」）と言ったと伝えられる。

このような例があるにはある。しかし、これは惟康の親王宣下から四百年も前の話であり、そもそも宇多天皇は皇子である。

つまり、惟康は「惟康王」→「源朝臣惟康」→「惟康親王」という経歴を歩んでいるのである。

さらに、惟康は十六歳で正二位に叙し、これが極位（最高位階）となった。そして二十四歳で右近衛大将に任官した。正二位・右近衛大将が、「二品」（ここでは二位の唐名）・「右大将家」と称された源頼朝に通じることに気づいた方もおられるだろう。

この惟康の将軍在任期間は、文永三年（一二六六）七月二十四日三歳から正応二年（一二八九）九月十四日二十六歳までの二十三年である。

一方、時宗は文永元年（一二六四）八月十日十四歳で連署に就任し、同五年三月五日十八歳で執権に昇り、弘安七年（一二八四）四月四日三十四歳で没するまでその職にあったので、執権在職期間は約十六年である。よって、惟康の将軍在職期間は、完全に時宗の執権在職期間を覆《おお》っている。連署期間を含めても、時宗が宗尊親王を奉じていたのは二年ほどであり、時宗は治世のほぼ全期間、惟康を将軍に戴いていたと言ってよかろう。そして惟康は時宗卒去の五年五ヵ月後に将軍を追われるのである。

惟康は将軍在職二十三年余のうち、四年五ヵ月を惟康王、十六年十ヵ月を源惟康、一年十一ヵ月を惟康親王として過ごした。将軍在職期間の七割以上を源氏として過ごしたのであった。

そして時宗の執権就任は文永五年（一二六八）三月五日、惟康の源氏賜姓は二年後の文永七年十二月二十日であるから、時宗は執権在職のほとんどの期間、一貫して将軍「源惟康」を推戴《すいたい》していたのである。

では、時宗は鎌倉幕府、そして当時の日本において、いかなる存在であったのだろうか。

北条時宗の幼・少年時代

時宗誕生

北条時宗は、生まれながらの北条氏家督であった。

時宗誕生前後の周囲の大騒ぎぶりは、『吾妻鏡』に詳しい。『吾妻鏡』は編纂物（後から作った歴史書）なので、記事の量は編集者のサジ加減である。しかし、時宗誕生関連記事は内容が注目される。ちょっと長くなるが、おもしろいので見てみよう。

建長二年（一二五〇）正月一日より、時頼の請いにより鶴岡別当《べっとう》（鶴岡八幡宮の住職。詳しくは、後述）隆弁《りゅうべん》が鶴岡八幡宮で男子誕生の祈禱に「丹誠肝膽《たんせいかんたん》を砕（内臓が砕けるほど心を込め）」いていたところ、夢で時頼正妻（重時娘）は八月に懐妊《かいにん》すると告げられた（建長三年五月十五日条）。

五月二十二日、時頼妻が少々具合を悪くするが、すぐに回復。「懐妊の吉兆であろうか（懐孕《かいよう》の瑞相《ずいそう》か）」とある。大騒動の始まりである。

八月二十七日、妊娠が明らかになり、早速、安産の祈禱が始まる。

九月十九日、時頼妻、少々具合が悪くなる。重時が駆けつけたほか、人々が押し寄せる。しかし、ほどなく回復。

十二月五日、時頼（相模守）・重時（陸奥守）、安産を祈るため、それぞれの任国と領有する荘園に殺生《せっしょう》禁断を命令。

十二月八日、時頼、大倉薬師堂に参拝し、願文を奉納して、妻の無事を祈る。

十二月十三日、着帯の儀（初めて腹帯を着ける儀式）。隆弁が加持祈禱をおこなう。

十二月十八日、妊婦本人の御願で七つの観音堂で誦経《ずきょう》。

十二月二十三日、時頼の側室三河局《みかわのつぼね》が、重時の意向で時頼邸を出る。

建長三年正月八日、時頼が安産祈願に金銅の薬師如来像を鋳造させ、その供養。導師は隆弁。また、薬師供と大般若経の信読《しんどく》（真読とも。教典の文章を省略せず丁寧に読誦《どくじゅ》すること）を開始。

正月十七日、時頼邸で放光仏《ほうこうぶつ》という仏像の供養。導師は隆弁。如意輪観音《にょいりんかんのん》の護摩法《ごまほう》も挙行。どちらも安産祈願。

正月二十一日、安産を祈願し、百日の泰山府君祭《たいざんふくんさい》（陰陽道《おんみょうどう》の祭祀《さいし》）。供料《くりょう》は時頼の伯父（母の兄）安達義景が出す。

正月二十八日、大般若経の信読、結願《けちがん》。

二月に入り、隆弁は伊豆国三島神社に赴き、祈禱を開始。十二日の寅の刻（午前四時頃）、夢に白髪の老翁が出現し、「お前が祈念している妊婦は、五月十五日の酉の刻（午後六時頃）、無事、男子を出産するであろう」と告げる（建長三年五月十五日条）。

五月一日、時頼妻が産所《さんじょ》として滞在中の松下禅尼《まつしたぜんに》（時頼母）の邸で祈禱など開始。

五月十四日、そろそろ生まれそうだということで産所に人々が参集。隆弁が「明日の酉の刻ですよ（明日酉の尅《こく》たるべきのよし）」と伝えたので、人々、いったん退散。

五月十五日、隆弁が酉の刻と予言しているのに、朝から時頼は隆弁に書状を送り、

「あなたが今日生まれるって予言したのに、まだ生まれる兆候がないンですけど、どーゆーことですか?!（女房の産の事、日来《ひごろ》、今日たるべきのよし仰《おほ》せらるといへども、今にその気分なきの間、御存知の旨《むね》、すこぶる不審）」

と文句。隆弁は「酉の刻には必ずお生まれです（今日酉の剋、必定《ひつじょう》たるべし）」と強気に

返事。

重時が産所に参上。申の刻（午後四時頃）にやっと産気づいたので、医師・陰陽師・加持《かじ》祈禱《きとう》をおこなう験者《げんじゃ》の僧侶が参上。酉の終わり（午後七時近く）に隆弁も参上して、加持祈禱に参加。「すなはち若君誕生す」。

北条一門の老若以下、参上していた人々は数え切れないほど。験者以下の人々が禄物《ろくもつ》（ご褒美）を頂戴している時に、駆けつけて来た三浦（佐原）盛時は、喜びのあまり乗って来た自慢の名馬「大嶋鹿毛《おおしまかげ》」を陰陽師に与えてしまう。

五月二十一日、重時の経営（主催）で七夜の儀挙行。

五月二十七日、「若君」は時頼邸に入る。祈禱の恩賞として隆弁が能登国（石川県北部）諸橋保《もろはしのほ》を拝領。時頼は隆弁に書状を送り、その法力を「言語の及ぶところにあらず」と激賞。

この辺で止めよう。隆弁、大活躍である。そのまま信じれば、ノストラダムスばりの大予言者であり、法力、神に通じる者である。そんなわけはないのであって、この記事のソースの重要な一つが隆弁の周辺であったことがわかる。このての話は尾ヒレがついて、どんどん大袈裟になるのであり、『吾妻鏡』は編纂する時、尾ヒレのつきまくったこの話を、そのまま引き写したのである。だから、隆弁の超能力は眉ツバであり、話半分どころか、話千分の一くらいで聞いておけばよい。

しかし、時頼・重時以下の大騒ぎぶりは理解できよう。ここからわかるのは、この時、時頼妻が男子を産んだ場合、その子が時頼の嫡子となることは、時頼・重時をはじめとする周囲の人々の間では誕生以前から決まっていたということである。つまり、時宗は「生まれながらの北条氏家督」と言うよりも、「生まれる前から北条氏家督」であった。

かくて、ありあまるほどの期待と祝福の中で誕生した時宗は、その後も北条氏の嫡子として順風満帆な幼・少年期を過ごす。

小笠懸のデモンストレーション

時宗六歳の康元元年（一二五六）三月十一日、祖父重時は五十九歳で連署を辞し出家（法名観覚）。後任には、重時の弟政村（五十二歳）が就任した。

同年十一月、時頼は重病に陥り存命危急となったため、二十二日執権を重時の嫡子赤橋長時（二十七歳）に譲り、翌日出家（法名道崇）。長時の執権就任について『吾妻鏡』は「家督幼稚の程、眼代なり」と記しており、長時はあくまでも時宗が成長するまでの代理（眼代）であった。しかも、三十歳の時頼は回復。以後、重時と共に僧形で幕政を主導することとなる。それまでは一体のものであった執権職と北条氏家督の地位の分離がおこったのである。いずれにしろ、まだ元服もしていなかった時宗の地位は、すでに動かしがたいものとなっていた。

翌正嘉元年二月二十六日、七歳で将軍宗尊親王を烏帽子親に元服し、「相模太郎時宗」と号す。文応元年（一二六〇）二月、十歳で小侍所別当に就任。これが幕府役職就任の最初である。

十一歳の弘長元年（一二六一）には、正月四日、公式に時頼の子息の序列第一位とされ、四月二十三日祖母の姪である安達義景の娘と婚姻。

ここでエピソードを一つ紹介しよう。

時宗と安達義景の娘が婚姻した翌日の二十四日、宗尊親王は重時の極楽寺山荘に招かれた。翌二十五日、当地で将軍御覧の笠懸《かさがけ》がおこなわれた。ついでに、小笠懸《こがさがけ》もおこなうことになったのであるが、最近は廃《すた》れていて上手《じょうず》な人がいない。

笠懸も小笠懸も、武士の射芸訓練の一種で、ようするに人殺しの練習であるが、同時にお互いの（殺人の）技術を競って楽しむスポーツでもあった。現代のスポーツ大会と同じで、見ても楽しい。今はゲームやらカラオケやら娯楽は数え切れないほどあるが、鎌倉武家社会はファミコンもパソコンもないので、ゲームと言っても双六《すごろく》やサイコロ博奕《ばくち》くらいのものである。いきおい飲んで騒ぐくらいしか楽しみがない。このような社会での射芸の腕比べ大会は、現代では考えられないほど、ワクワクするお楽しみであったはずである。

笠懸も小笠懸も走る馬上から的《まと》を射る競技である。昔、的に笠を使ったことから、この名称になったが、後に的は木の板などが使われるようになった。笠懸は遠くの的を射るので、近くの的を狙う小笠懸に対して遠笠懸《とおかさがけ》とも言い、馬場《ばば》を左から右に疾走しながら左側に立てられた的を狙う。左手は弓を持つので弓手《ゆんで》、右手は手綱《たづな》を持つから馬手《めて》と言い、矢を射る時は馬手に矢を持つ。であるから、左側の的を狙う笠懸は、やりやすいと言えば、やりやすい。これに対し、小笠懸は馬場を右から左に逆走するので、的は射手《いて》の右側に位置する。しかも、小笠懸はその名の通り、近距離に低く立てた的を狙う。よって、射手は馬を走らせたまま身体をひねって弓矢を右下に向けて射なければならない。実際に見れば一目瞭然なのであるが、文章にすると、このようにわかりにくくなってしまう。一言で言うと、むつかしいのである。

別にむつかしいからと言うわけではないのであろうが、弘長元年の鎌倉では、どういうわけか小笠懸は廃れていたらしい。

すると、時頼が、

小笠懸は太郎（時宗）がうまいので、呼んでやらせようと思います（小笠懸の芸においては、太郎、もっともその体《てい》を得《え》たり。これを召して射しめんと欲《ほっ》す）。

と言いだした。

「それは、おもしろい（上下はなはだ入興《じゅきょう》す）」ということで、急遽、鎌倉の屋敷から呼び出された時宗は、すぐさま準備をして、そのまま馬場に入った。そして一度は失敗したものの、時頼のアドバイスを受けて臨《のぞ》んだ二度目は見事、的を射抜き、馬場からそのまま鎌倉へ駆け帰るという見せ場を作った。これに観衆はどよめき、宗尊も感激しきり。時頼も、我が家を継ぐべき器である（我が家に至りて、それを受け継ぐべきの器《うつわ》に相当《あひあた》る）。

と言って喜ぶ親バカぶりを見せた。

時頼が時宗の優秀さを宗尊や観衆に見せつけるためにやらせたことは明らかである。いきなり呼ばれたブッツケ本番で期待に応えた時宗少年も大したものであるとは言えよう。もしかしたら、突然のハプニングではなく、事前に計画されたヤラセで、時宗はこっそり猛練習をさせられていたのかもしれないが、それは史料上はわからない。ヤラセであったとしても、数え年十一歳、満で十歳の誕生日直前、小学四年生の時宗くん、ビビることも逃げ出すことも、一回失敗しても泣き出すこともなく、大舞台を無事務め上げた度胸は、まあ大したものであろう。マジメな良い子である。

いずれにしろ、このように時頼たちは、時宗の才能を示す演出をしていたのであった。十一月三日、半年前に時宗が小笠懸の妙技を見せた極楽寺山荘で祖父重時が六十四歳で没した。しかし、時頼の権力は盤石であり、時宗の地位も安泰である。十二月二十二日には左《さ》馬権頭《まのごんのかみ》に任官し叙爵する。

突然の将軍交替

弘長三年十一月二十二日、時頼は三十七歳の若さで最明寺別業《べつぎょう》（別荘）に卒去。時宗は祖父に続いて、十三歳で父を失った。時頼の早世は誤算であったかもしれないが、執権赤橋長時・連署北条政村を中心とする幕府首脳部は、来るべき時宗体制に向けて着々と基盤を固めてゆく。

翌文永元年（一二六四）七月三日、重病に陥った執権長時は辞職。八月十日、十四歳の時宗は執権に昇進した政村の後継として連署に就任した。長時は二十一日、三十五歳で卒去する。この時、時宗が執権ではなく、まず連署となったことは、十四歳というあまりの若さが考慮されたものであろう。実際、時宗が評定《ひょうじょう》出仕《しゅっし》始《はじめ》（評定に初めて出席すること）をするのは、四年後の執権就任時である。連署と言っても形式的なものであった。

翌文永二年、十五歳になった時宗は、正月五日従五位上に昇り、三十日には但馬権守《たじまごんのかみ》を兼ね、三月二十八日には相模守に任官した。但馬権守はともかく、幕府所在地である相模の国守、相模守は、同じく幕府の本拠地たる武蔵の国守である武蔵守と共に、歴代の執権・連署が任官することを通例とする官職であるが、時宗にとっては父時頼の極官《ごくかん》（最高官職）であったこの官職への任官は、時宗が偉大な執権であった時頼の後継者であることを、官職の面でも示すことを意味していた。

文永三年三月六日、引付方が廃止される。代わって、「重事《ちょうじ》は直《じき》に聴断《ちょうだん》し、細事《さいじ》は問注所に付《ふ》せらる」（『関東評定伝』同年条）との決定がなされた。この記事には主語が無いので、「重事は直に聴断」の主体がわからない。しかし、四ヵ月後に起きる事態からすれば、それが将軍宗尊であるはずはなく、形式的にせよ十六歳の連署時宗であったとしか考えられない。

六月二十日、時宗邸に連署時宗・執権北条政村・金沢（北条）実時・安達泰盛（時宗の妻の兄で養父）が集合して「深秘御沙汰《しんぴのごさた》」（秘密会議）が開催された。

そして七月四日、宗尊は上洛の途につく。二十五歳。将軍在職十四年であった。

深秘御沙汰の三日後の六月二十三日、宗尊の正室である中御所《なかのごしょ》藤原宰子とその娘姫宮《ひめみや》が時宗の別荘山内殿《やまのうちでん》に、惟康が時宗の鎌倉邸に移ると、両所に人々が馳せ参じ、鎌倉は騒動となる。二十六日以降、近国の御家人が競い集まり、鎌倉府内に蝟集《いしゅう》する事態となった。そして完全武装の武士が巷《ちまた》を馳せ廻る騒然とした状況下で、宗尊上洛の七月四日を迎える。午の刻（正午頃）、名越教時が甲冑姿《かっちゅうすがた》の軍兵数十騎を率いて示威行動に出て、時宗の制止を受けて撤退した。六年後に討たれることになる、あの名越教時である。

このような一幕があったものの、戌の刻（午後八時頃）、鎌倉の西にある佐介（北条）時盛（時房の子）邸に入った宗尊は、そこから京都へ向けて出発した。二十日、宗尊は京都に到着。六波羅北方探題常葉《ときわ》（北条）時茂（重時の子。長時の弟）の六波羅邸に入った。この記事をもって、『吾妻鏡』は筆を擱《お》くのである。

宗尊帰京の四日後である七月二十四日、父に替わって三歳の惟康が征夷大将軍に任官し、七代将軍となった。突然の将軍交代劇の原因として流れたのは、宗尊の正室藤原宰子と松殿《まつどの》僧正良基《そうじょうりょうき》という僧侶との不倫の噂であった（『新抄《しんしょう》』文永三年七月八日条）。しかし、そんなワイドショーのネタのような話で将軍が交替させられるわけがない。だいたい妻の浮気が理由で、夫が職、それも将軍をクビになるというのは、話がおかしい。

名越教時の行動からもわかるように、当時、宗尊の周囲にはそれなりの軍事力をも有する勢力が形成されていたのである。また、宗尊自身も時頼在世中から将軍としての自覚を持ち、武家の棟梁としての行動や発言をするようになっていた。

しかし、この将軍派とも言うべき政治勢力は、宗尊の京都送還によって完全に粉砕され、以後、鎌倉滅亡の日まで二度と復活することはなかった。宗尊の京都送還以降、鎌倉将軍は君臨すれども統治せざる完全に装飾的存在となったのである。

かくて父時頼・祖父重時以来、時宗の周囲の人々、幕府首脳部が目指して来た時宗への権力集中は、文永三年七月四日、すべての準備が整えられた。後は時宗が成長し、実際に幕政を指導する日を待つばかりということであったろう。政村らは、やっと安堵の気持ちを抱くことが出来たかもしれない。

文永五年（一二六八）閏正月八日までは。

蒙古国書の到来

使者到来、戦時体制へ

宗尊上洛のわずか一年半後、文永五年閏正月八日、当時、事実上唯一の対外窓口であった大宰府《だざいふ》を管轄する筑前（福岡県北西部）守護少弐資能《しょうにすけよし》によって、蒙古の国書が鎌倉にもたらされた。

国書は一ヵ月後の翌二月七日、幕府より正式に王朝に奏上される。古代以来、日本の海外通交の窓口であった大宰府は、鎌倉時代になると、その次官である大宰少弐《だざいのしように》の官職を世襲し、それを苗字とすることになった鎮西（九州）有数の御家人少弐氏（もとは武藤氏）を通じて幕府の支配下にあったので、国書はこのようなルートで伝達されたのである。

国書を奉じた使者潘阜《はんぷ》（高麗《こうらい》の人）は前年十一月、対馬に着し、対馬守護代《つしましゆごだい》宗助国《そうすけくに》（守護代は守護の代官。対馬守護は筑前と同じく少弐氏）に案内され、正月一日大宰府に至っている。

国書が少弐から幕府に届けられるまで一ヵ月余、幕府から王朝へも、やはり一ヵ月を要したことは、当時の交通事情にあっても緩慢《かんまん》であるが、これはむしろ事の重大さに動揺した少弐及び幕府が対処に苦慮したことを示すものであろう。

「上天《じようてん》の眷命《けんめい》せる（天帝の命を受けた）大蒙古国皇帝、書を日本国王に奉ず」に始まる尊大な国書は、表面的には日蒙両国の平和的な通交を要求するものであったが、末尾にある「兵を用ふるに至る、それ孰《たれ》ぞ好むところならん（軍事力を行使するのは、誰が望むところであろうか）」の一文からも、日本側には蒙古の侵攻必至と受け取られた。

二月から三月にかけて王朝では連日のように会議が開かれ、返牒《へんちよう》（返事）の可否について審議がなされたが、結局、無視することとなった。結果、大宰府に止めおかれた潘阜ら蒙古・高麗側の使者は要領を得ぬまま七月帰国した。潘阜らにしてみれば、何が何やらわからぬままに追い返されたわけであるが、日本側は突如出現した未知の大敵との戦いに、すでに突入していたのである。

もちろん、国書到来時点で日本側が蒙古帝国に対して、まったくの無知であったということはない。商船や渡来禅僧など多くのルートで、海外情勢は伝えられていた。しかし、東アジアの辺境の島国であり、数百年間、他国との正式な国交を持たなかった当時の日本の支配層の対外認識の質や持っている海外情報の量は、やはりおぼつかないものであったと言わざるを得ない。特に辺境の島国の中でも、さらに辺境の東国に成立した軍事政権であり、外交の経験など皆無と言ってよい鎌倉幕府には、蒙古国書の到来は強敵襲来の予兆としか認識されなかったであろう。

潘阜らが滞在中の二月二十五日、早くも王朝は二十二の諸大社に奉幣《ほうべい》し、蒙古の難を報告。あわせて祈願をおこなった。当時の王朝は承久の乱以来、独自の軍事力を事実上喪失しており、蒙古に対してはもっぱら諸寺諸社への「異国降伏」の祈願の要請を繰り返すこととなる。四月には伊勢神宮及び歴代天皇陵への報告がなされ、同時に八月まで続く諸寺社での祈禱が命じられる。

外国の侵攻に対して神頼みというのは、今日の感覚では笑止とも思われようが、前近代人の感覚では戦争は人間界の出来事であると同時に、人々が奉じる神仏の戦いでもあり、以後、王朝をあげての祈願、諸寺社での祈禱は必死の態《てい》で繰り返される。一方、実際の戦闘を担当する幕府は二月二十七日、西国各国の守護に対し管国御家人を動員して侵攻に備えることを命じ（鎌倉幕府追加法四三六条）、以降、戦闘体制の構築に入るのである。

このような戦時体制下にあっては、権力が一点に集中し、強力な指導力が発揮されるのが望ましいことは言うまでもない。

蒙古国書の鎌倉到来から二ヵ月、三月五日、前代未聞・空前絶後の執権・連署交替がおこなわれ、時宗が執権、政村が連署となる。幕政中枢は大切にその成長を見守って来た時宗を、未曾有の国難に際し、ついに幕府政治の項点に正式に位置づけたのであった。時宗、時に十八歳。

そして四年後、時宗が決行するのが、あの二月騒動である。

この事件によって時宗に対抗する力を持った、あるいは持つ可能性のあった潜在的勢力は一掃された。周囲の期待と希望に育まれて成長した時宗は、二十二歳にして自ら手を汚すことにより鎌倉幕府の全権力を一身に集中し、独裁的な指導者となったのである。

時宗十歳の文応元年（一二六〇）七月十六日、北条時頼に上呈された『立正安国論』に日蓮が記した二つの予言のうち「自界叛逆難《じかいほんぎゃくのなん》」（内乱）は、十二年後、果たして現実のものとなった。そして、いま一つの予言「他国侵逼難《たこくしんぴつのなん》」（外寇）は、わずか二年後に迫っていた。

蒙古帝国と対峙《たいじ》しなければならない時宗への権力集中は、ギリギリのところで間にあったと言えよう。実兄と一家一門、そして家臣たちの犠牲のうえに確立された絶対的な権力をもって、時宗はその生涯を賭《と》して蒙古との戦いを続けることとなる。

将軍権力代行者

「内々御計ひ」

二月騒動後の時宗の政治活動をもっとも良く知らせてくれる史料は、『建治三年記』である。

同書は、問注所執事太田康有《やすあり》の日記（業務日誌と言ってよい）である。建治三年（一二七七）一年分しか残っておらず、記事もきわめて簡略であるが、『吾妻鏡』断絶後、ロクな史料がない後期鎌倉幕府中枢についての文献として、息子時連《ときつら》の記した『永仁三年記』と共に大変貴重で、ありがたい。

最初に、この本によって時宗の権力行使の様子を見ておく。

建治三年、二十七歳の時宗は、ほとんど鎌倉郊外の別荘である山内殿で生活しており、重要政務の決定や指示は、山内殿から発せられている。

まず人事であるが、引付頭人・評定衆などの幹部クラスから、奉行人・寄人《よりゅうど》・執筆《しゅひつ》などの事務官に至るまで、鎌倉における人事はすべて時宗によって決定されている。六波羅探題についても同様であり、六波羅評定衆以下の職員に対し、誰が何を担当すべきかといった事項についてまで、事細かな指示が時宗の主催する山内殿での寄合《よりあい》（秘密会議）で決定されている。

朝廷との交渉も時宗が直接おこなっており、院宣《いんぜん》(上皇の命令書)への返事の執筆者まで時宗が指定している。

『建治三年記』による限り、時宗は鎌倉幕府の全権力を一身に集中させた完全な独裁者と考えざるを得ない。特に注目されるのは、六月十六日条にある次の鎌倉幕府追加法四七八条である。

諸人官途《かんと》の事、自今《じこん》以後、評定の儀を罷《や》め、御恩沙汰《ごおんのさた》に准《じゅん》じ、直《じき》に聞《め》こし食され、内々《ないない》御計《おはから》ひ有るべきのよし、定められおはんぬ。

意訳すると「人々の位階・官職への推挙は、評定での審議をやめ、新恩給付に准じて直接判断なされ、内々に決定なされるということが決められた」ということである。鎌倉幕府では頼朝以来、御家人の位階・官職への叙位《じょい》・任官《にんかん》はすべて幕府が王朝に推挙《すいきょ》することに決まっていた。本来は、御家人の主人である将軍が御家人たちの希望を取捨選択して推挙するものであったことは、もちろんである。御恩沙汰とは、将軍が御家人に新しい所領を与える新恩給付(給与とも)のこと。新恩給付は、御家人の先祖伝来の所領(本貫《ほんがん》の地・苗字の地・本領)を将軍が承認する本領安堵《ほんりょうあんど》に次ぐ重要な御恩である。例によって主語がないので、誰が「直に聞こし食され、内々御計ひ有る」のか文章上はわからない。しかし、「内々」とわざわざあることからも、将軍惟康とは考えがたい。そもそも将軍であれば、こんな当たり前のことを法律で定める必要が、そもそもない。よって、この主体は時宗に間違いない。

さらに重要なのは「諸人官途の事」が「御恩沙汰に准じ」て時宗の専権とされていることである。「諸人官途の事」も御家人にとっては重要なことではあるが、「御恩沙汰」の方がよっぽど大事である。所領の安堵・給付というのは、今述べたように本来は、将軍の専権事項であって、御家人の主人である将軍の権能として他者に任されるものではないはずなのである。その「御恩沙汰」が建治三年六月十六日以前に時宗の掌中に帰していたのである。

つまり、時宗は建治三年の段階で、将軍でないにもかかわらず将軍権力を行使しているのである。時宗は執権であるが、将軍権力を行使する彼は、もはや執権の職権を越えた何者かになっていたことになる。「それは何者か？」と言えば、一言で言えば、「将軍権力代行者」ということになるだろう。そしてこの「将軍権力代行者」の権力こそ、これまで「得宗権力」と呼ばれてきたものの正体であると私は思うのである。

時宗が手にした「将軍権力代行者」の地位が、時宗以降、子貞時・孫高時と北条氏家督（つまり得宗）に一子相伝されたのが、これまで「得宗専制」と呼ばれていた後期鎌倉幕府の政治体制であると考えればよいと思う。

時政・義時以来、営々と幕府で権力の階段を登ってきた北条氏家督は、時宗に至って頂点と言うべき「将軍権力代行者」、すなわち鎌倉幕府の独裁者の地位に立ったのである。

秘密会議のメンバーと機能

では、「将軍権力代行者」北条時宗は、どのように政務を執っていたのであろうか。時宗が大小事を決める際に催していたのが、「寄合」と呼ばれる秘密会議である。このメンバーを「寄合衆」と呼ぶが、それに選ばれたのは、当時、たった五名。安達泰盛・平頼綱・諏訪盛経・太田康有・佐藤業連《なりつら》である。彼らについて少し詳しく紹介しよう。

○安達泰盛
時宗外戚（時宗の妻の兄で養父）。ややこしいが、時宗の外祖母（父時頼の母）松下禅尼（兄が泰盛の父義景）の甥でもある。五番引付頭人。評定衆。泰盛以外の一～四番引付頭人は全員、北条氏であり、よって泰盛は当時の幕閣において非北条氏の最高位であった。

○平頼綱
御内人《みうちびと》（得宗の家臣となった御家人）。得宗家の家政機関である得宗家公文所の執事（長官。一般に「内管領《ないかんれい》」の呼称で知られる）。時宗の嫡子貞時の乳母夫《めのと》。得宗家公文所執事は、すなわち御内人のトップであり、嫡子の乳母夫である頼綱は、時宗の最側近という立場にあった。しかも、頼綱の祖父盛綱は義時・泰時・時頼に仕え、父盛時も泰時・時頼に仕えていたので、得宗家累代の家人である。

○諏訪盛経
御内人。法名真性。頼綱に先立ち時頼期に得宗家公文所執事を務めていた。御内人諏訪氏は信濃の諏訪大社大祝《おおほうり》家である諏訪氏の分家。

○太田康有

文士（法曹官僚）。第六代問注所執事。評定衆。頼朝の乳母《めのと》の妹の子で初代問注所執事となった三善康信の孫。

○佐藤業連

文士。評定衆。業連は建治二年（一二七六）、引付衆を経ず評定衆に補任されているが、引付衆を経ず評定衆に直任するのは得宗家出身者と極楽寺流北条氏の嫡家赤橋家の嫡男のみの家例で、例外はこの業連だけなのである。しかも、業連の父業時は初代評定衆の一人であるが、仁治二年（一二四一）評定衆を罷免されて鎮西に配流されている。また、業連の子孫は寄合衆・評定衆はおろか引付衆となることもなかった。よって、佐藤氏にあっては、業連だけが突出した出世を遂げたのであり、業連は時宗によって登用された側近の事務官であって、その鎌倉幕府における

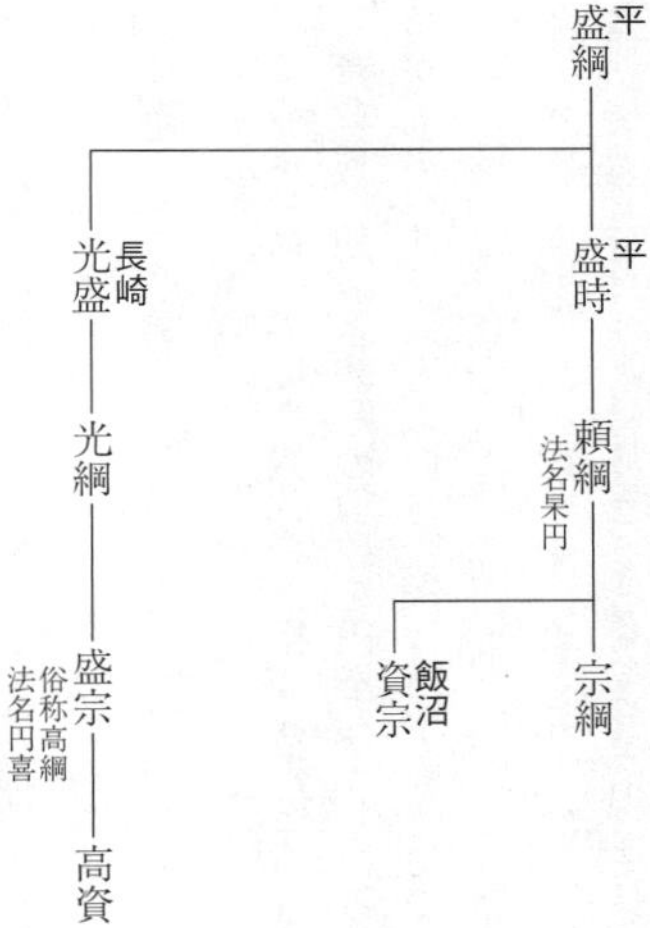

長崎系図

地位は時宗との個人的な関係によって維持されていたと推定される。いわば、時宗の秘書といったところだろう。さらに言えば、このような恣意的な人事を成し得たことが、時宗の権力が幕府の先例や家格秩序を越えた専断的なものであったことを示している。

このように、外戚や累代の家臣、秘書とも言うべき実務官僚をメンバーとしておこなわれる寄合は、独裁者時宗の執政を円滑ならしめるための補助機関、強いて言えば諮問機関であるが、ようするに五人の寄合衆は時宗の手足であった。

寄合は、『吾妻鏡』では「深秘御沙汰」（寛元四年三月二十三日条）・「深秘沙汰《しんぴのさた》」（寛元四年六月十日条）・「内々御沙汰《うちうちごさた》の事有り」（寛元四年五月二十六日条）・「内々沙汰《うちうちさた》の事有り」（建長五年九月二十六日条）などとも表現された北条氏家督の私的会議であった。その初見は寛元四年（一二四六）三月二十三日条で、この場で経時から時頼への執権職譲与がなされた。時頼期の寄合のメンバーは、時頼の他には次の人々がわかる。

［北条氏］
北条政村：義時の子。
金沢実時：義時の孫。
［非北条氏］
安達義景：泰盛の父。

矢野倫長：文士。三善康信の長男矢野行倫の孫。
平盛時：御内人。頼綱の父。
諏訪盛重：御内人。盛経の父。御内人諏訪氏初代。
尾藤景氏：御内人。初代得宗家家令尾藤景綱の子。

計七名。建治三年の寄合メンバーと比べると、北条氏一門の大物が入っていることがわかる。『吾妻鏡』に記載された時宗期の寄合は、文永三年（一二六六）六月二十日条だけであるが、その時の参加者は時宗以外では北条政村・金沢実時・安達泰盛であり、三名中二名が北条氏である。

『建治三年記』には、寄合は筆者康有の出席した四回（十月二十日・十月二十五日・十二月十九日・十二月二十五日条）が記載されているが、北条氏は時宗以外は一人も参加していない。しかもたった五名のメンバーのうち太田康有・佐藤業連の二人は右筆（字を書く係）以上の役割を果たしていない。

つまり、建治三年、二十七歳の時宗はわずかな側近だけを相談相手に朝廷への対応や六波羅探題の人事をはじめとする重要政務を自ら決定していたのである。独裁と言ってよい。

時宗の個人独裁

『建治三年記』以外では、まず幕府が寺社に依頼した異国降伏祈禱実施の手続きも、すべて時宗に収斂《しゅうれん》する体制となっており、将軍惟康には形式的に巻数《かんず》（読誦《どくじゅ》した教典の明細書）が上呈されるに過ぎない。

さらに、弘安年間（一二七八〜八八）の興福寺領大隅荘《おおすみのしょう》と石清水八幡宮領薪荘《たきぎのしょう》（いずれも山城国〈京都府南部〉）の境相論《さかいそうろん》（境界争い）において、王朝は調停機能を喪失して解決を幕府に委ね、弘安五年（一二八二）末の幕府の裁許（判決）により、両荘が共に関東御領《かんとごりょう》（鎌倉将軍の直轄領）となることで相論は終結するのである。

ここで注目されるのは、同年七月に京都に派遣され六波羅において調査をおこなった東使《とうし》（幕府が朝廷に派遣する使者）が評定衆二名であったのに対し、最終的な解決のため十二月に上洛して裁許の結果を伝えたのが佐藤業連であったことである。業連は、七月の東使と同じく評定衆ではあるが、同時に寄合衆であり、時宗直属の秘書官ともいうべき存在であったことは、すでに述べた。このような地位からして、この時の業連は時宗の直接の指示を受けて上洛しており、よって幕府の裁許とは、時宗の裁断であったと考えられる。つまり、この訴訟における幕府の意志決定は評定衆クラスによる実務作業を経て、時宗が決定するという方式であったことになる。

以上によって、時宗期鎌倉幕府は、得宗時宗による完全な個人独裁体制であったことは明らかである。文永三年（一二六六）三月六日の引付廃止に際し決定された「重事は直に聴断」、『建治三年記』六月十六日条の「直に聞こし食され、内々御計ひ有るべ」しという体制が現実に機能していることが理解される。寄合は独裁者時宗の執政を円滑ならしめるための組織に過ぎなかった。よって、鎌倉幕府の政治制度の実質上の頂点に北条時宗という個人が位置していたのである。時宗の独裁は、評定―引付という政治制度に支えられたものであり、システムに支えられた個人独裁制と評価される。

大守・副将軍

「ただ者ではない」という認識

時宗とその後継者である貞時・高時の後期得宗三代が単なる執権ではなく、何か特別な存在であるという認識は当時の人々にもあった。それは三人に対する呼称にあらわれている。

まず「大守《たいしゅ》」（「太守」とも書く）。

極官が相模守であった時宗・貞時・高時は、時宗が『建治三年記』で「大守」・「相大守《そうたいしゅ》」（「相模大守」のこと）、貞時が『永仁三年記』（太田康有の息子時連の日記）で「太守」、貞時・高時が「金沢貞顕書状」（『金沢文庫《かねさわぶんこ》文書《もんじょ》』）で、相模守現役の頃は「太守」、出家すると「太守禅門《ぜんもん》」（禅門は僧侶のこと）と呼ばれている。

「大守」を国守の唐名と解釈すれば、「相大守」は相模守のことであるから、別に問題ないようだが、ちょっと考えると実は問題がある。と言うのは、王朝官制では、「大守」は親王《しんのう》任国《にんこく》（親王だけが国守に任命される国）である上総（千葉県南部）・常陸（茨城県）・上野（群馬県）三ヵ国の国守の称号で、しかも、この三ヵ国はすべて大国《たいこく》（国の最高等級。国には大国・上国《じょうこく》・中国《ちゅうこく》・下国《げこく》の四等級があった）なのである。

すると、本来の意味では「大守」と呼ばれてよいのは上総・常陸・上野の国守に任官した親王様だけである。つまり、大国より一ランク下の上国である相模の国守で、言ってみればただの人に過ぎない得宗が「大守」を名乗るのは、二重の意味で僭上《せんじょう》なのである。しかも、『建治三年記』『永仁三年記』「金沢貞顕書状」では、得宗以外の相模守は「相州《そうしゅう》」（相模国・相模守の唐名）と呼んで、「大守」とは呼ばない。禅宗系の史料などでは、「大守」は「刺《し》史《し》」と共に国守の唐名として使われているが、右記の三つの史料では、「大守」は明らかに得宗のみを指す呼称として使われている。「大守」という呼び方には、得宗に対する「ただ者ではないのだ」という認識があらわれているのである。

次に「副将軍」。

そもそも源頼朝の征夷大将軍任官以降、征夷副将軍なる官職に任官した者はいない。ところが、正応四年（一二九一）に出版された中山寺本『教行信証《きょうぎょうしんしょう》』（浄土真宗開祖親鸞《しんらん》の著作。同宗の聖典）の奥書に、当時二十一歳の貞時について「当副将軍相州大守平朝臣」とある。また、元徳二年（一三三〇）十二月三十日付「不断両界供遍数状《ふだんりょうかいぐへんすうじょう》」（『金沢文庫文書』）は、高時を「大施主《だいせしゅ》副将軍家」と記している。正中二年（一三二五）十一月十一日付「妙心《みょうしん》等六名連署寄進状《きしんじょう》」（『大慈恩寺文書《だいじおんじもんじょ》』）には「頼朝右大将以下代々関東将軍・副将軍等」という一文がある。禅宗系史料で、得宗を「副将軍」・「副元帥《げんすい》」（「元帥」は将軍の唐名）、あるいはズバリ「将軍」と記した例に至っては枚挙に暇がない。「大守」と同じく、「副将軍」

の呼称も、得宗に対する当時の人々の「ただ者ではない」という認識をあらわすものである。

残念ながら、時宗を「副将軍」と呼んだ史料は今のところ私は確認できていない。しかし、中山寺本『教行信証』出版は、時宗没のわずか七年後である。そして「ただ者ではない」と考えられた得宗の地位の実態こそ、時宗が手にした「将軍権力代行者」の地位であったと私は考える。「副将軍」は、「将軍権力代行者」をあらわす言葉として、もっともふさわしいものなのではないだろうか。

次節で述べる対蒙古政策における本所一円地住人《ほんじょいちえんちじゅうにん》（非御家人）の軍事動員から、時宗政権期は鎌倉幕府の権力も絶頂に達した時期でもあったと言える。この絶大な権力を行使して、時宗は蒙古との戦いを続けるのである。

対蒙古政策

追加法に見る防衛体制の構築

対蒙古問題の詳細を述べることは本書の課題ではないので、防衛体制の構築を中心に主に幕府追加法によって、幕府の対蒙古政策を記すことにする。

また基本情報であるが、すでに何回か出てきた「鎌倉幕府追加法」について解説しておこう。泰時が作った『関東御成敗式目』（略称『御成敗式目』。いわゆる『貞永式目《じょうえいしきもく》』）の後に鎌倉幕府の出した法律は、『御成敗式目』への追加ということになっているので、「追加法」というのである。室町幕府の出した法律は「建武年間（一三三四〜三八）以後の『御成敗式目』への追加」という意味で「建武以来追加」という。この呼び方からも、室町幕府が鎌倉幕府の後継を自認していたことがわかる。それはともかく、現在確認される鎌倉幕府の追加法は、『中世法制史料集』（岩波書店）の第一巻「鎌倉幕府法」に収録されている。以下、いちいち史料名を記すのはめんどうなので、この本の条数で「追加法〇〇条」とか「追加法参考資料〇〇」という形で典拠を記して紹介する。

なお、基本的に鎌倉幕府は追加法を作って出したら、そのまんま。つまり、出しっぱである。自分で作った法律を蓄積しておくということをしなかった。よって、訴訟を起こした人・起こされた人は自分に有利な幕府法をいろいろな手蔓を使って自分で見つけ出して幕府法廷に提出する。幕府は幕府法を含めた提出された証拠だけに基づいて審理する。幕府が自ら過去の法令を調査するということはなかった。だから、幕府を含めたすべての鎌倉時代の人や組織が把握している幕府法についての情報は、『中世法制史料集』第一巻の情報量の足《あし》下《もと》にも及ばない。よって、この本一冊を携えてタイムマシンに乗り鎌倉時代に行けば、幕府法廷では向かうところ敵なし。百戦百勝、日本最大の荘園領主になれるかもしれない。百戦百勝なのに、なぜ「かもしれない」なのかと言うと、途中で殺される可能性がかなり高いからである。

さて、蒙古の国書が鎌倉に届けられた翌月の文永五年（一二六八）二月、幕府は早くも西国守護に管国御家人に対し蒙古軍襲来に警戒するよう通達することを命じた（追加法四三六条）。対蒙古防衛の開始である。翌三月、時宗が十八歳で政村と交替して執権に就任した。

文永八年九月、鎮西（九州）に所領を有する東国御家人に現地へ下向し、守護の指揮下で異国警固《いこくけいご》にあたるよう命ず（追加法参考資料一〇）。二月騒動直前の文永九年初頭、時宗の「御代官」（おそらく御内人）を現地に派遣（追加法四四七条）。この年には、幕府は襲来地点を筑前（福岡県北西部）・肥前（佐賀・長崎県）と予想しており、輪番制で御家人に両国要害の防衛に当たらせる異国警固番役《ばんやく》をすでに開始している。

外国、それも超大国の侵略に輪番で対応することをお粗末と考える向きもあるが、迎撃戦というのは、そもそも不利で困難なものなのである。敵はどこに攻めて来るか、ある程度の予測は出来ても、複数ある予想地点は基本的に全部守る必要があるし、相手はいつ攻めて来るかわからない。現場の戦士がいつ終わるかもわからない不断の緊張に耐えられるはずもない。緊張状態がずっと続けば精神的にまいってしまう者も出ることになるが、その以前に現場の空気は弛緩する。つまりは、だらける。よって、輪番制をとらざるを得ない。それでも、幕府は守護や御家人の無責任な職場放棄・怠慢・消極姿勢に手を焼いているのである（追加法四七〇・四八三条）。

『蒙古襲来絵詞』で奮戦ぶりを後世に残した竹崎季長《たけざきすえなが》も、文永の役での恩賞の不満を直接幕府に訴えようと、鎌倉に向かった。これは明らかに職場放棄である。当時の武士たちには国土防衛といった意識はほとんどなく、はりきっていた者は恩賞目当て、残りは強制されての嫌々参加であった。蒙古帝国がどれほどの強敵かわかっていない連中ばかりであった。これでは輪番制をとらざるを得ない。

輪番制をとる以上、各防衛地点に常置できる兵力は、全兵力の数分の一となる。そして、いったん侵攻が起こったなら、初戦はその兵力で敵に当たらざるを得ない。そして戦争において、初戦の勝敗が戦闘全体に大きく影響することは超歴史的事実である。このような迎撃戦の難しさは、鎌倉時代で言えば、文治五年（一一八九）の奥州合戦において防衛ラインを延ばし過ぎて呆気なく敗北した奥州藤原氏の姿に如実に示されている。

文永十一年（一二七四）十月、ついに蒙古軍は襲来した。文永の役である。五日に対馬、十四日に壱岐、十八日に松浦（肥前）を襲った蒙古軍は、翌十九日博多湾（筑前）に侵入、二十日早朝に上陸を開始した。日本側は大変な苦戦を強いられたものの、さすがに敵を目前にした鎌倉武士は勇猛果敢であった。激戦を繰り広げ、夜には蒙古軍を博多湾上の船に引き上げさせることに成功した。そして翌日早朝、神風のおかげかどうかはともかく蒙古軍は撤退していたのである。

これが文永の役における戦闘のあらましである。呆気ないと言えば呆気ないが、襲来が現実のものとなり、再襲来は確実と予想されたから、日本側は喜んでなどいられない。

十一月一日、蒙古軍の対馬・壱岐襲来の報を受けた幕府は、西国守護に対し、当時の言葉で「本所一円地住人」と称された非御家人の軍事動員を命じている（追加法四六三・四六四条)。非御家人は読んで字のごとく「御家人でない人々」、鎌倉将軍の家臣ではない武士、つまり幕府の支配下にない武士ということである。だから、幕府の軍事動員を受ける立場に本来はないのである。幕府は、ここにすべての武士に対し支配を及ぼすこととなった。

再侵攻に備えて

文永の役の四ヵ月後、建治元年二月には異国警固番役を整備し、鎮西九ヵ国を四つに分け、各三ヵ月毎に春は筑前・肥後、夏は肥前・豊前、秋は豊後・筑後、冬は日向・大隅・薩摩が防衛に当たることとなった(追加法四六五条)。

その二ヵ月後の四月十五日、長門国(山口県北西部)室津《むろのつ》に杜世忠《とせいちゅう》を正使とする蒙古の使者一行が来着した。文永の役の半年後である。彼らが長門に来たのは、以前の使者が大宰府で留め置かれた末に追い返されたことから、大宰府を通さず京都に行こうとしたためらしい。しかし、彼らは幕府の指示で大宰府に送られ、幽閉された。

杜世忠らが長門にあらわれたことに幕府は驚愕した。どうも、幕府は蒙古の使者や軍勢は北九州に来るものだと思い込んでいたフシがある。日本はまわり中、海なのであるから、来ようと思えば、どこの海岸にも来られることくらいわかりそうなものにもかかわらず。マヌケな話であるが、中世人の感覚とは、このようなものである。

慌てた幕府は、すぐさま長門にも鎮西と同様の防衛体制を敷くことにした。五月には、長門の軍勢不足を補うため周防(山口県南東部)・安芸(広島県西部)・備後(広島県東部)も長門防衛に参加することが決定し、長門を含めた四ヵ国の輪番で防衛に当たることが命じられた(追加法四六六・四六七条。長門警固番役)。

さらに七月には蒙古との戦闘に積極的に参加しなかった者は処罰することが決められている(追加法四七〇条)。

蒙古使一行は七月二十一日に大宰府を発《た》って鎌倉に護送され、九月七日、杜世忠以下五名が当時処刑場とされていた龍《たつ》ノ口《くち》で斬首された。外交使節を罪人として処刑する。交戦した直後とは言え、国際常識もヘッタクレもない蛮行である。

そして十二月には翌年三月頃の実行を予定して山陰・山陽・南海道の軍勢による異国征伐計画が決定された(追加法四七三条)。誇大妄想的な作戦であるが、時宗率いる幕府はもちろん本気で、実行予定だった翌建治二年三月には動員予定の御家人に対し、各人の兵力・船員数・領内の船の数などを二十日までに守護に報告することを命じている(追加法四七四・四七五条)。しかし、実行に移されることはなかった。

一方、幕府は異国征伐計画と同時進行で、建治二年三月以前に博多湾沿岸での石築地《いしついじ》築造を命じている。今に残る「元寇防塁《げんこうぼうるい》」である。敵軍の上陸を阻止する石築地は弘安の役で大いに効果を発揮することになるが、その築造は御家人だけでなく公領(国有地)・荘園にも平均に割り当てられ、九州各国は地域別に割り当てを受け、築造・修理を担当させられた。だから、その出来具合は地域によって、かなり違うものとなる。

異国警固・異国征伐計画・石築地築造が同時におこなわれたのであり、異国征伐を命じられた者は石築地築造の免除を受けたとはいえ、その負担はあまりにも重い。異国征伐が不発に終わったのも、当然であろう。

田舎の独裁者

弘安二年（一二七九）六月二十五日、周福《しゅうふく》ら蒙古使がまたも対馬に到着したことが大宰府に伝えられた。しかし、幕府は今度は彼らを鎌倉まで連行させることすらなく、博多で斬首してしまった。

翌弘安三年十二月、翌年四月に再襲来があるとの情報を得た幕府は、守護・御家人に防衛に努めるよう厳命（追加法四八三条）。

そして翌弘安四年五月、蒙古軍再襲来。弘安の役である。前役と同様に対馬・壱岐を蹂躙した蒙古軍は、六月六日博多湾の志賀島《しかのしま》と能古島《のこのしま》の間に侵入し、日本側と本格的な戦闘を開始した。しかし、石築地と日本側の抵抗に阻まれた蒙古軍は今回は上陸出来ず、激戦が続く。戦闘二ヵ月の後、閏七月一日、博多湾を台風が襲い、蒙古軍は大打撃を受けて撤退した。二回目の神風である。

激闘の末に再襲来を退けた幕府は、翌八月、またしても異国征伐（高麗征伐）を計画している（弘安年《（ママ）》八月十二日付「六波羅施行状案」〈『西家文書』〉）。しかし、今回も延期の末に実行には至らずに終わった（弘安四年九月五日付「六波羅施行状案」〈『西家文書』〉）。

かくて二度にわたる侵略は防がれたが、当然のことながら蒙古の脅威が去ったわけではない。御家人・本所一円地住人を動員しての対蒙古防衛は弘安の役後、そして時宗の没後も継続されてゆく。

以上の記述からわかるとおり、元寇の時代は時宗の独裁期とほぼ重なる。よって、この時期の幕府の対蒙古政策には、時宗の政治方針、そして人格までもあらわれていると言うことができる。第三章でも触れたように、そこに見えるのは、時宗の国際認識の欠如と野蛮なまでの武力偏重である。

国書の到来・使者の来朝に際し、王朝は返事をするかどうかの検討をおこなっている。しかし、時宗は一切無視したばかりか、使者を二度斬首し、ひたすら戦闘体制の構築に邁進した。時宗は外交交渉という発想を持たなかった。国際常識をまったく欠いていたと言ってよい。結局不発に終わった異国征伐計画に至っては、「本気だったのか？」と聞きたくなるほど、非現実的である。しかし、最初の計画においては、参加を命じた御家人に対し領内の船を大小に分けて各々の船数を、武器もその種類と数を、戦闘員と船員については人数と年齢までも報告を命じており（追加法四七四・四七五条）、二度目も船・船員について言及しているから、時宗が本気であったことは明らかである。

王朝には、古代以来蓄積してきた外交のノウ・ハウとこれを実行する能力を持った人材があった。しかし、時宗を含めた鎌倉幕府には、外交の知識も能力もなかった。幕府は、たしかに王朝の対蒙古方針に大きな影響力を発揮したが、それは横ヤリ以上のものではなかった。鎌倉幕府は国際社会で通じるような成熟した政権ではなかったのである。

東アジアの辺境の島国の、そのまた東の辺境に生まれ育った独裁者は、誇大妄想気味の野蛮な田舎者であった。井の中の蛙であったとはいえ、時宗は、なぜここまで強気だったのだろうか。

皇位介入

それでも必要だった王朝

幕府の内外に絶対的な権力を確立した時宗は、皇位の行方まで左右するに至る。と言っても、時宗としては親切から動いただけなのであるが。

承久の乱後、幕府は後鳥羽・土御門（後鳥羽の皇子）・順徳（後鳥羽の皇子。土御門の弟）の三上皇と六条宮雅成・冷泉宮頼仁（ともに後鳥羽の皇子）の二親王を配流した。後鳥羽は隠岐、順徳は佐渡、土御門は阿波（徳島県）、雅成は但馬（兵庫県北部）、頼仁は備前（岡山県東南部）である。順徳の皇子であった仲恭天皇は廃位され、九条廃帝の称号で呼ばれることになる。「仲恭天皇」の諡号《しごう》（贈り名。没後に贈る名）が贈られるのは、承久の乱から実に六百四十九年後の明治三年（一八七〇）である。

かくて幕府は後鳥羽の皇統を皇位から一掃した。そこで白羽の矢を立てられたのが、後鳥羽の甥で、まだ元服もせず、しかも寺に入っていた茂仁王である。茂仁は後鳥羽の異母兄行助法親王の王子であったが、即位して後堀河天皇となる。

父行助は、もとは守貞親王と言い、幼少の時、寿永二年（一一八三）七月の平家都落ちで異母兄安徳天皇とともに瀬戸内海に拉致され、文治元年（一一八五）三月の平家滅亡後に帰京した時には弟後鳥羽が即位していたため、皇位がまわってくる可能性は皆無に近く、出家していたのである。

ところが、行助は王子茂仁の即位により、後高倉院《ごたかくらいん》の尊号を贈られ、院政を開始することになった。運命というのは、わからないものである。そもそも院号というのは太上天皇《だじょうてんのう》、ちぢめて上皇、つまり譲位した元天皇に贈られる称号なのであるが、後高倉は天皇を飛ばしてしまったのである。しかも、すでに出家の身であったため、太上法皇ということになったが、親王から直接、院号を受けたのも、出家後に尊号を受けたのも、後高倉が最初である。

このように承久の乱の事後処置は、異例ずくめであったが、当時は院政（上皇の執政）が王朝政治の通例になっていたので、幕府は強引にツジツマを合わせたのである。

「実力行使で朝廷に勝ったのに、なぜ、幕府は王朝を潰さなかったのか？」

という素朴な疑問を持つ人もいる。しかし、当時の人々にとって天皇や上皇、そして王朝の存在は、疑問の持ちようのない常識であり、幕府やこれを率いていた北条義時には「王朝そのものを潰してしまう」という発想は、そもそも浮かびようがなかったのである。また、律令制の機構は変質はしていたが国家の隅々にまで及んでおり、当時の日本は王朝の支配組織によって運営されていた。御家人たちが王朝官職・位階を与えられていることでわかるとおり、幕府自体が王朝の支配機構に精神的にも現実的にも依存していた。鎌倉幕府は、たしかに王朝とは別個の制度や支配機構を構築したし、それは日本の歴史にとって画期的なことであったが、幕府の制度や機構のみで国家を動かせるほどのものではなかったのである。後鳥羽や仲恭といった特定の上皇や天皇は必要に迫られれば配流にも廃位にもするが、だからと言って、天皇家や王朝を滅ぼすということは、鎌倉幕府にはできもしなかったし、その以前に発想もされなかったのである。だからこそ、幕府は承久の乱後、苦しいツジツマ合わせをしたのである。

突然即位した後嵯峨天皇

さて、後高倉院は院政二年の後に世を去り、その後は後堀河の天皇親政となる。後堀河も皇子秀仁《みつひと》親王に皇位を譲り、院政を開始したが、その二年後に二十三歳で没した。

ところが秀仁親王あらため四条《しじょう》天皇はイタズラ小僧だったらしく近習や女官を転ばして楽しもうと内裏《だいり》（皇居）の廊下に石の粉を塗っておいたところ、それに自分が滑って転んでひっくり返り、頭をぶつけて十二歳で夭折してしまった（『五代帝王物語』）。仁治三年（一二四二）正月九日のことである。

後堀河上皇すでに亡く、数え年十二歳、満年齢で十一歳直前だった四条天皇にも、当然、子供はいなかったので、次の皇位が大問題となる。

王朝では、貴族たちが合議の末、順徳上皇の皇子忠成《ただなり》王を早々と皇嗣《こうし》に決定したが、執権北条泰時率いる幕府は、承久の乱で父後鳥羽と共に倒幕積極派であった順徳が佐渡に存命であり、忠成王が即位した場合、順徳の京都帰還、院政開始となりかねないため、忠成王の即位を嫌い、倒幕計画に反対していた土御門上皇の皇子邦仁《くにひと》王の即位を事実上、王朝に強制したのである。

そもそも土御門の阿波配流は、父後鳥羽の隠岐配流を見て、土御門自身が四国の土佐（高知県）に赴いてしまったため、土佐よりは（本当にほんの少し）京都に近い阿波（徳島県）に配流としたもので、幕府は承久の乱当時から土御門に悪意は抱いていなかったのである。かくて二十三歳まで親王宣下すら受けず、扉はひしゃげて開かず庭は雑草ボーボーのボロボロのアバラ屋にお住まいだった日陰の皇子様は、幕府の指名により、突然、皇位に登った（『五代帝王物語』）。これが後嵯峨天皇である。まことに運命というのは、わからないものである。

前フリが長過ぎたが、まあ、おもしろいからよかろう。このように幕府の全面的なバック・アップで皇位を踏んだ後嵯峨は、親政四年・院政二十六年・通算三十年の治世において、幕府との協調を第一として執政に務めるのである。後嵯峨治世の朝廷と幕府の円満ぶりを示すのは、後嵯峨の皇子宗尊親王の鎌倉将軍就任であろう。

その後嵯峨は二十七歳の寛元四年（一二四六）正月二十九日、皇太子久仁《ひさひと》親王に皇位を譲った。後深草天皇である。ところが、後嵯峨は後深草より六歳下の恒仁《つねひと》親王を愛し、四十歳の正元元年（一二五九）十一月二十六日、十七歳の後深草に十一歳の恒仁へ皇位を譲らせる。亀山天皇である。思えば、これが二百年以上続く悲劇の始まりであった。

亀山の皇太子には、後嵯峨院政下の文永五年（一二六八）、たった生後八ヵ月の亀山の皇子世仁《よひと》が立太子したから、後嵯峨が自身の後継に亀山を希望していたことは明らかである。後嵯峨は文永九年（一二七二）二月十七日に没する。はからずも、北条時輔が討伐された翌々日であった。この時、後嵯峨は後継については幕府に任せるとして明確な意思表示をしなかったのである。

幕府も困ったが、後嵯峨の本意が亀山にあったことは明白であったので、取り敢えず亀山の親政となった。そして文永十一年正月、皇太子世仁が皇位に就き（後宇多天皇）、亀山は院政を開始した。このままいけば、皇位は亀山の系統に流れるはずであった。歎き悲しんだ後深草は世を儚《はかな》んで出家の意志を示した。

超越者の憐れみ

ここで時宗が介入するのである。『増鏡』第九「草枕」によれば、時宗は、

後深草院がこのように世をお捨てになろうとすることは、本当におそれ多く、お気の毒なことです。後嵯峨院のお決めになったことは深い理由もあるのでしょうが、後深草院はたくさんの御兄弟の中の年長者で、たいした過ちもおありではありません。どうして一代限りの天皇にできましょうか？　穏やかな話じゃないでしょう？（本院《後深草》の、かく世を思し捨てんずる、いとかたじけなく、あはれなる御ことなり。故院《後嵯峨》の御をきて《掟》は、や

うこそあらめなれど、そこらの御こ《（子）》のかみ《（上）》にて、させる御あやまり《（誤）》もおはしまさざらんに、いかでか忽に名残なくはものし給ふべき。いと怠々《たいだい》しきわざなり）

と主張して自ら調停に乗り出し、亀山にも奏上し、各方面を説得（「かなたこなたなだめ申て」）した。

かくて建治元年（一二七五）十一月五日、後深草の皇子熙仁《ひろひと》親王が叔父亀山の猶子（子供待遇）として後宇多天皇の皇太子となった。後宇多は九歳、熙仁は十一歳なので、天皇より皇太子の方が年上である。この時、時宗は二十五歳である。

これが後深草系の持明院統と亀山系の大覚寺統への天皇家分裂、そして「歌書よりも軍書に悲し」と歌われる南北朝骨肉の抗争の引き金となる。もっとも、熙仁が実際に天皇（伏見天皇）となり、この引き金が引かれるのは、実に十二年後、時宗も没後の弘安十年（一二八七）十月二十一日のことであるが。

『増鏡』は、時宗は「お二つの皇統で皇位におつきになるようにしよう（御二流れにて、位にもおはしまさなむ）」と考えていたと記すが、時宗がそれがどのような事態を引き起こすかまで考えていたかどうかは、わからない。

『増鏡』の記事からすれば、時宗は後深草の立場に同情し、親切からおこなったことである。兄を殺した時宗には、帝王兄弟の関係、特に後深草の置かれた状況に思うところがあったのかもしれない。

しかし、時宗がどういうつもりであったかに関係なく、この皇位介入は極めつきに異常である。

建治元年時点で時宗の位階は従五位上、官職は相模守。王朝身分秩序においては、ウジャウジャいる下っ端貴族の一人に過ぎない。このような者が事実上、皇位の行方を決めたのであるから、不遜の極み、僭上の至りである。

しかも、承久の乱後の義時の介入はたしかに異例のテンコ盛りであるが、乱自体が史上空前のことであり、致し方のないことである。そして結局は天皇制維持のためのツジツマ合わせであった。後嵯峨天皇誕生における泰時の介入も、承久の乱の結果を引きずったためであり、幕府には介入する必然性があった。

これに比べて、時宗の介入は、必要性のない、言わば放っておけばよかったことである。皇統が後深草系になろうと亀山系になろうと、どちらも幕府が擁立した後嵯峨の子孫なのであるから、幕府にとっては何の実害もない。実際、時宗の介入で天皇家が二つになってしまい、事態はかえってややこしくなってしまった。

にもかかわらず、時宗は介入し、思い通りに決定した。時宗は自分が皇統にも口出しできる存在であると考えており、本当に皇位の行方を決めたのである。いわば、時宗は皇位をも意のままにする日本国の最高実力者であり、帝王にすら憐れみを寄せる超越者であった。

このような時宗が、高祖父（祖父の祖父）義時が承久元年（一二一九）に挫折し、父時頼が建長四年（一二五二）に実現した親王将軍を敢えて否定して実現された源氏将軍を推戴《すいたい》し続けたのは、なぜなのであろうか。

北条義時の武内宿禰再誕伝説と「得宗専制」の思想的背景

八幡神の加護を受けし者

源頼朝が、武家政権の創始者として、前近代においてほとんど神格化されていたことは、今さら言うまでもないが、第二章でも述べたように鎌倉・南北朝期にあっては、北条義時が頼朝と並ぶ存在として高く評価されていた。このことをもっとも象徴的に示す『建武式目』冒頭の一文を今一度掲げておこう。

なかんづく鎌倉郡は、文治、右幕下《うばつか》（源頼朝）はじめて武館《ぶかん》を構へ、承久、義時朝臣天下を幷呑《へいどん》（飲み込む）す。武家においては、尤も《もっと》吉土《きちど》と謂《い》ふべきか（なかでも鎌倉郡は、文治年間に頼朝公が初めて武家政権を築き、承久年間に義時朝臣が天下を取った地であり、武家にとってはもっとも縁起の良い場所というべきである）。

この文章からも理解されるように、義時が高く評価された要因は、彼が承久の乱の勝利者であったことにある。

承久の乱は鎌倉幕府にとって政権基盤を盤石なものとした画期的な事件であったが、その影響は鎌倉幕府を越えて、日本の政治思想史にとっても重要な画期となったことは、よく知られている。すなわち、徳治思想の台頭である。王朝の敗北、治天《ちてん》（天皇家の惣領）後鳥羽以下三上皇・二親王配流、仲恭天皇廃位、廷臣処刑という事態は、帝王といえども不徳《ふとく》の者は統治者たり得ず、たとえ臣下であろうとも有徳《うとく》の人こそが統治者となるという思想を生み出したのであり、これが鎌倉幕府、ひいては武家政権すべての統治を正当化したのである。本節では、義時が承久の乱勝利者として、具体的にいかなる評価を受けており、それが北条時宗の独裁にどのように影響したかを検討することにする。

ちなみに「有徳人《うとくにん》」とは中世では「お金持ち」というズイブンと皮肉な意味で使われているが、本書で言う「有徳の人」は本来の「徳のある人」（立派な人。正しい人）の意味である。

指摘できるのは、第二章で検討した義時の武内宿禰再誕伝説の発生である。建長六年（一二五四）成立の『古今著聞集』に義時は八幡神の「世の中乱なんとす。しばらく時政が子に成て、世を治むべし」という神命を受けた武内宿禰の再誕であったという記事が見え、徳治三年（一三〇八）成立の『平政連諫草』も義時を武内宿禰の再誕と記している。今あらためて強調したいのは、武内宿禰の義時としての再誕・治世が八幡神の命とされていることである。と言うのは、義時の承久の乱勝利を八幡神と結びつける史料は、他にも存在するのである。

まず、『明恵上人伝記』。明恵は華厳宗《けごんしゅう》中興の祖として知られる鎌倉時代の南都《なんと》（奈良）仏教を代表する高僧の一人であるが、その明恵との対話での北条泰時の回顧の中で、義時自身の発言という形で次のような記事が見える。すなわち、承久の乱における義時の行動は「周ノ武王・漢ノ高祖」と同じく「上下万人」の愁いを除くためのものであったとして、不完全ではあるが放伐革命《ほうばつかくめい》（武力による王朝交替）の論理をもって正当化され、このような義時の立場が「天照大神・正八幡宮モ何ノ御トカメ《(咎)》カ有ヘキ」というのである。

また、日蓮は数多く書き残した遺文の中で、頼朝と義時は「不妄語《ふもうご》の人」（ウソをつかない人）であり、それ故に天照大神・八幡大菩薩が二人の頭上に宿り、頼朝は源平合戦、義時は承久の乱において帝王（頼朝は安徳、義時は後鳥羽）を倒し天下を手にしたとたびたび記している。

　こんな調子である。

○王と申は不妄語の人、右大将家（源頼朝）・権大夫殿（北条義時）は不妄語の人。正直の頂、八幡大菩薩の栖百王の内也（『諫暁八幡鈔』）。

○隠岐法皇（後鳥羽）は名は国王、身は妄語の人、横人也。権大夫殿は名は臣下、身は大王。不妄語の人。八幡大菩薩の願給頂也（『諫暁八幡鈔』）。

○（八幡大菩薩は）然れは百王の頂にやどらんと誓給しかども、人王八十一代安徳天皇・二代隠岐法皇（後鳥羽）・三代阿波（土御門）・四代佐渡（順徳）・五代東一条（仲恭）等の五人の国王の頂にはすみ給はず。諂曲の人の頂なる故也。頼朝と義時とは臣下なれども其頂にはやどり給ふ。正直なる故歟（『四条金吾許御文』）。
○去治承等八十一二三四五代の五人大王（安徳・後鳥羽・土御門・順徳・仲恭）、与頼朝・義時此国有御諍。天子與民合戦也（『曾谷二郎入道殿御報』）。
○日本国に代始てより已に謀叛の者二十六人。第一は大山の王子、第二は大山の山丸、乃至、第二十五人は頼朝、第二十六人は義時也。二十四人は奉被朝、獄門に被懸首、山野に曝骸。二人は奉傾王位国中を挙手、王法既に盡ぬ（『秋元御書』）。
○関東の権大夫義時に、天照大神・正八幡の御計として国務をつけ給畢ぬ（『頼基陳状』）。

いかめしい文章であるが、ようするに日蓮は八幡神の加護を受けし者として義時に頼朝と同等の高い評価を与えているのである。

『古今著聞集』『平政連諫草』『明恵上人伝記』『日蓮遺文』という互いに独立した史料が、義時は統治者たるべき徳を備えた人であり、ゆえに八幡神の加護によって承久の乱に勝利したという共通認識を有しているのである。

八幡神＝皇祖神＝阿弥陀如来＝源氏の氏神

八幡神は、清和源氏の氏神・関東（鎌倉幕府）の守護神であることは言うまでもないが、鎌倉時代には天照大神と並ぶ皇祖神・国家守護神とされていた。

　また基本的な話になるが、八幡神を中心に前近代の神と仏、神社と寺院について説明しておこう。

まず、日本では明治政府により神仏分離政策がおこなわれるまで、神仏習合とか神仏混淆《こんこう》と言って、日本の神様と仏教の仏様はゴチャゴチャであった。日本の神様は実は仏様が姿を変えて（化身《けしん》）あらわれたもの（権現《ごんげん》）であるという考えで、これを本地垂迹《ほんじすいじゃく》という。本地は正体、垂迹とは「仮の姿であらわれる」ことである。具体的に言うと、八幡神は神様であるが、八幡大菩薩という仏様でもある。同じく、天照大神は大日如来《だいにちにょらい》であることになっている。

神様・仏様がこのような状態であるから、神社とお寺もゴチャゴチャである。今、神社にお参りに行って、本殿でお坊さんの集団が高らかにお経を上げていたら、「何事?!」とかなりビックリするはずであるが、昔はそれが普通であった。わかりやすい事例は、八幡神を祭神とする鎌倉の鶴岡八幡宮である。今、鶴岡は紛《まご》う方《かた》なく神社であるが、昔の正式名称は「鶴岡八幡宮寺《つるがおかはちまんぐうじ》」であり、神社であると同時にお寺でもあった。もちろん神官《しんかん》（神主《かんぬし》）もいたが、どちらかと言えばお坊さんの方が幅を利《き》かせていた。だから、鶴岡で最も偉い別当は僧侶なのである。鶴岡社頭で源実朝を暗殺したことで有名な実朝の甥（頼家の子）公暁は、鶴岡別当であったが、彼は長等山園城寺《ちょうとうざんおんじょうじ》で修行して阿闍梨《あじゃり》の称号を得た高僧であった。

神社の中にお寺が併設されることも多く、これを神宮寺《じんぐうじ》と言う。逆にお寺が守護神（鎮守《ちんじゅ》）を祀《まつ》る神社を持つこともある。後者の例は、比叡山延暦寺《ひえいざんえんりゃくじ》の日吉神社《ひえじんじゃ》である。だから、比叡山が王朝に強訴《ごうそ》（デモ）をかける時は、日吉神社の神輿《しんよ》（おみこし）を担いで都に押し掛けて来るのである。

それで八幡神に戻ると、八幡神はもともとは九州の豊前国宇佐《うさ》地方（大分県）で信仰されていた神様で、本来は海神であったとも農耕神であったともいわれる。ようするに、古過ぎて、もともとどんな神様だったか、よくわからないのである。現在、全国に存在する八幡宮（八幡神社）の総本社は、同地の宇佐八幡宮である。これが天皇家・王朝から信仰されるようになり、日本神話と合体して八幡神は第十五代応神天皇であることになり、天照大神と並ぶ皇祖神、国家守護神とされるようになる。同時に武神《ぶしん》、つまり戦いの神としても崇められるようになる。さらに神仏習合で八幡大菩薩と呼ばれるようになり、本地仏は阿弥陀如来《あみだにょらい》とされた。本来、仏教では如来が仏《ほとけ》のことで、菩薩は修行をして悟《さと》りを開き、仏となることを目指す者のことなのであるが、このへんも言葉の使い方が奇妙である。さらに武神であるため、広く武家に尊崇《そんすう》され、なかでも清和源氏は八幡神を氏神（一族の守護神）とした。

イライラするほどややっこしいのであるが、ようするに八幡神は、応神天皇で、皇祖神で、国家守護神で、武神で、八幡大菩薩で、阿弥陀如来で、源氏の氏神なのである。

また、日本の神様は人間側に非常に都合のよいことに、いくらでも分身なされる。これを正式には「分霊《ぶんれい》」という。拝みたい神様があまり遠くにおられると、人間としては拝みに行くのが大変なので、分霊していただいて近所にお招き（「勧請《かんじょう》」という）し、神社を建てるのである。ようするに神様の方から来ていただくのである。このようにまとめると、コンビニエンス・ストアやファースト・フードのチェーン店みたいで、ありがたみが減じるが、これが同じ神様を祀《まつ》る神社が日本中にたくさんある理論的根拠である。

八幡神で言えば、九州の宇佐八幡宮は京都に住む皇族・貴族たちにはあまりに遠いので、八幡神の方に分霊していただき京都に勧請して建てたのが石清水《いわしみず》八幡宮である。

源氏では、前九年の役を敢行した源頼義が本拠地河内国《かわちのくに》（大阪府東部）に勧請して壺井《つぼい》八幡宮を創建した。さらに頼義が相模国鎌倉郡由比郷に八幡神を勧請したのが鶴岡八幡宮の始まりである。石清水八幡宮社頭で元服して八幡太郎を仮名とした頼義の長子義家が、由比郷から同じ鎌倉郡の小林郷に移して修復を加えたのを、義家五代の孫、頼朝が現在地に移して大々的に修築したのが今の鶴岡八幡宮であり、ここに八幡神は鎌倉幕府、関東の守護神となった。やれやれ、やっと戻ってきた。

鎌倉将軍の「御後見」

そして宇佐・石清水・鶴岡をはじめ、全国の八幡宮では神功皇后と共に武内宿禰を祀っているところが数多い。これは神功皇后が八幡神である応神天皇の母であり、武内宿禰が応神に仕えたというだけではなく、二人が応神の治世と深く関わるエピソードを持つ日本神話上の偉人だからである。歴史書でも、たとえば蒙古合戦の記録としても名高い鎌倉後期成立の八幡神の霊験譚《れいげんたん》『八幡愚童訓《はちまんぐどうきん》』は、神功皇后と武内宿禰の事蹟を詳しく記している。そしてすでに記したように北条政子は神功皇后の「再生」、北条義時は武内宿禰の「再誕」とされていたのである。

『愚管抄』一「皇帝年代記」の神功皇后条に「武内ヲモテ為後見」とあるように、武内宿禰は応神天皇の「後見」であり、応神は八幡神そのものなのであるから、武内宿禰の再誕である義時は八幡神の「後見」とすら言うことができる。以上のような武内宿禰再誕伝説に象徴される義時の評価こそが、義時の直系である得宗の専制政治を支える思想的背景であったと考えられる。

『吾妻鏡』元仁元年（一二二四）六月二十八日条には「相州（時房）・武州（泰時）、軍営御《ぐんえいご》後見《こうけん》たり」とある。また、『北条時政以来後見次第』は、時政以来茂時に至る執権・連署を、執権・連署の区別をせずに就任順に記し（欠あり）、その官職歴を記載するが、原題は『御後見』であり、得宗には「正統《しょうとう》」（正しい系統・血筋）と記している。さらに、文保元年（一三一七）十一月付「安達宗顕三十三年忌表白文《ひょうはくぶん》」（『金沢文庫文書』）において、高時の外戚（妻の父）安達時顕は自家安達氏を「建久より建仁に至り三代将軍の経緯たり。元久より弘安に至り六代御後見の輔翼《ほよく》たり」と記している。この「六代御後見」は年紀と代数から北条氏庶家出身の執権・連署を除く、歴代得宗を指している。

このように、執権・連署は鎌倉将軍の「御後見」とされていたのであり、中でも得宗はその「正統」と位置づけられていた。このような将軍に対する得宗の立場で、即座に想起されるのは、天皇に対する摂関（摂政・関白）であろう。摂関政治の権化と言うべき藤原道長は『大鏡』『栄花物語』などでは天下の支配者として讃えられている。日本の古代・中世にあっては、神聖化した主権者の「御後見」あるいは補佐役は天下の支配者たる正統性を充分に有していたのである。それを象徴する存在こそ、武内宿禰である。北条氏得宗が鎌倉将軍の「御後見」の「正統」である根拠は、右に記した武内宿禰再誕伝説に象徴される義時の評価であろう。まとめれば、次のごとくである。

得宗は、武内宿禰の再誕である北条義時の直系なるが故に、鎌倉将軍の「御後見」として、鎌倉幕府と天下を統治する。

北条氏得宗の鎌倉幕府支配の正統性は、得宗が義時以来の鎌倉将軍の「御後見」たることにあるのであり、このような得宗の政治的・思想的立場からすれば、得宗自身が将軍になるなどという発想が出てこようはずもなく、得宗は将軍になりたくもなければ、なる必要もなかったのである。

得宗と将軍

得宗たる資格、将軍たる資格

武内宿禰の再誕北条義時は、有徳の人なるが故に承久の乱に勝利し、天下を併呑した。ここに義時の追号に「徳崇」が選ばれた根拠の一つを見出せるであろう。だが、義時が有徳の人として、不徳の帝王を倒したことにより生じた新たな徳治の思想よりすれば、王家を継ぐ血統のみでは帝王が統治者たり得ないように、義時の後継者もまた、義時の後胤たることのみでは、統治者たり得ない。統治者は徳を備えておらねばならないのである。

第二章の「関東武内宿禰伝説」で紹介した『平政連諫草』で「救世観音転身」とされた北条泰時が「道理（人のおこなうべき正しい道）」（『関東御成敗式目』「起請」）を、同じく「地蔵薩埵応現」とされた北条時頼が「撫民《ぶみん》（民をかわいがること）」（追加法二九三条）をスローガンとしたことは、この徳治の思想に根源があると考えられる。また、時宗卒去の直後、弘安七年五月二十日に発布された「弘安新御式目」（追加法四九一〜五二八条）は、前半十八ヵ条中の七ヵ条で奏上対象たる得宗貞時個人に徳を求めているが、その理由も、統治者たる得宗は義時の後継者として有徳の人であらねばならなかったが故と判断される。

つまり、得宗たる資格は、義時の直系であることと有徳の人であることの二点に求められるのである。では、鎌倉将軍たる資格は何であったのか。

鎌倉後期においては、清和源氏であることは、まったく意味をなさない。なぜならば、源氏将軍家滅亡後、清和源氏出身者は鎌倉将軍となることはなかったのであり、替わって将軍となったのは、摂関家藤原氏と皇族であったのだから。

鎌倉後期から南北朝初期の将軍にとって、必要であったのは、清和源氏であることではなく、頼朝の後継者であることではなかったろうか。「右幕下」「右大将家」（共に頼朝が任官した右近衛大将のこと）、あるいは「二品」（ここでは二位のこと。正二位が極位だった頼朝を指す）として神格化した頼朝の後継者であることが、武家政権の首長たる将軍にとって必要な資格であったのではないか。鎌倉末期成立の幕府訴訟解説書『沙汰未練書』は「将軍家トハ、右大将家（源頼朝）以来代々関東政務之君御事也」「地頭トハ、右大将家以来、代々将軍家奉公、蒙御恩人之事也」と記しているのである。

「鎌倉将軍は頼朝の後継者である」という観念を具現化した者こそ、七代将軍源惟康であった。前述のごとく、文永七年（一二七〇）、時宗二十歳の十二月、惟康は七歳で源氏賜姓を受け、源実朝横死以来五十一年ぶりで鎌倉に源氏将軍が復活した。時宗二十九歳の弘安二年（一二七九）正月、惟康は十六歳で正二位に叙す。五年後の同七年四月、時宗は三十四歳で没するが、惟康は同十年六月五日、二十四歳で右近衛大将に任官するのである。

つまり、惟康は時宗政権下で源氏・正二位となり、時宗没の三年後に右近衛大将となったのである。源氏・正二位・右近衛大将は、すべて頼朝に通じる。惟康は頼朝の再来であった。

源氏賜姓自体が治承四年（一一八〇）後白河天皇の庶皇子以仁王《もちひと》が謀反を理由に臣籍に下されて以来九十年ぶり。正式な賜姓としては、後三条天皇の孫有仁王の元永二年（一一一九）以来百五十一年ぶりである。

皇孫への源氏賜姓は絶えて久しかったことであり、しかも源氏賜姓だけでなく、正二位叙位までが時宗政権下でおこなわれているのであるから、惟康を頼朝になぞらえようとすることは、時宗政権の強い意志であったと推定される。時宗没後の右近衛大将任官は時宗政権の路線の継承・発展と評価できる。

惟康賜姓の時、時宗は二十歳であり、この年齢は微妙で、賜姓が時宗本人の発案かどうかは判定が困難であるが、その後、時宗は一貫して源惟康を推戴し続け、正二位叙位も時宗の下でなされているのであるから、惟康の頼朝化は時宗自身の政策と考えてよいであろう。今一度、得宗専制政治の論理をまとめれば、次のごとくである。

源頼朝の後継者である鎌倉将軍の「御後見」として、北条義時の後継者である得宗は、八幡神の命により鎌倉幕府と天下を統治する。

この観念を現実化したのが、将軍源惟康・得宗北条時宗の体制であった。そして時宗期の「御後見」の実態は、鎌倉幕府の全権力を一身に集中させた独裁者であった。将軍を擁しつつ将軍権力を自身が行使するという時宗の地位は、「将軍権力代行者」と定義することができることは、すでに述べた。君臨すれども統治せざる神聖化した将軍の下で得宗が将軍権力を代行するという政治体制（「得宗専制政治」）は、鎌倉幕府の歴史と伝統に基づく正統性、すなわち権威を持っていたのであり、父時頼が実現した親王将軍を否定して実現された源氏将軍を時宗が推戴し続けた理由も、この論理にあったのである。

北条時宗にとっての「得宗専制」

頼朝と義時の復活

弘安三年（一二八〇）は、源頼朝挙兵から百年目にあたる。時宗の時代、鎌倉幕府は草創以来百年を迎えようとしていたのである。それは、幕府が、あらためて歴史的な自己規定をする段階に入っていたことを意味しよう。

この時、蒙古の国書がもたらされるのである。未曾有の対外危機の到来は、幕府に自己認識の再確認をさらに迫ることとなったはずである。

『吾妻鏡』編纂の動機には、このような歴史的背景を想定することができる。『吾妻鏡』の成立時期については、最近、永仁年間（一二九三～九九）頃とする見解が提出されており、私も現存する『吾妻鏡』の成立は永仁年間以降の鎌倉末期ではないかと思う。だが、大正時代から指摘されている元久二年（一二〇五）六月二十二日条の北条政村誕生記事「今日未剋。相州（義時）室伊賀守朝光女男子平産左京兆是也、」は、やはり無視できないのではないか。「左京兆《さきょうちょう》」は左京《さきょう》大夫《だいぶ》・左京権大夫《さきょうごんのだいぶ》の唐名であり、ここでは左京権大夫に任官した北条政村を指していることは間違いない。政村が左京権大夫に在官したのは文永二年（一二六五）三月二十八日から同十年五月十八日までであり、少なくとも右の記事はこの八年間に執筆されたと考えざるを得ない。この記事が地の文であることからしても、後に『吾妻鏡』となる史書の編纂は、文永年間に開始されていたことになろう。

蒙古国書到来の年に、時宗を執権に就けた鎌倉幕府は、二年後、源氏将軍を復活させた。『若狭国税所今富名領主代々次第』は、時宗について「号徳崇（徳崇と号す）」と記す。時宗は徳崇、つまり義時を自称していたのである。頼朝の再来惟康を擁する時宗は、義時の再誕、第二の関東の武内宿禰である。源頼朝と北条義時という二人の鎌倉幕府の「建国神」は、ここに復活した。

文永・弘安の役での自分の奮戦を後世に残そうと『蒙古襲来絵詞』を作成させた竹崎季長《たけざきすえなが》は、この絵巻の中で、恩賞拝領を直訴した御恩奉行《ごおんぶぎょう》（恩賞を担当する幕府の重職）安達泰盛《あだちやすもり》に向かい異国合戦に「引懸《ひっかけ》」（先例）はないと言っているが、蒙古襲来には先例が存在する。承久の乱である。

鎌倉将軍の「御後見」たる北条氏得宗が、空前の強敵からの挑戦に立ち向かい、武士階級の力を結集して、これに勝利し、本朝に平和をもたらす。

このような文脈で理解するなら、承久の乱は蒙古襲来の先例としてとらえることができる。神懸かり的とも言うべき観念的な論理であるが、かくのごとき蒙古襲来に対する理解を、当時もっとも必要としていたのは、他ならぬ時宗自身であったのではないか。
言うまでもないことであるが、当時の人々にとって、蒙古襲来は想像力の限界をはるかに超えた、宇宙人の襲来にも等しい大災厄であり、否《いや》も応《おう》もなくこれに立ち向かわざるを得なかった時宗は、必勝を確信させてくれる拠り所となる論理を必要としていたのではないだろうか。

惟康が頼朝であり、時宗が義時であり、そして蒙古襲来が承久の乱であれば、極めて困難な戦いではあるが、時宗は最終的には勝利を収めることができるのである。時宗の野蛮なまでの対蒙古政策の背景には、このような理念があったと考えられる。

徹底的に追い詰められた人間は、すべてをなげうって逃げ出すか、ヤケクソになるか、でなければ神懸かるしかない。逃げ出した例は遁世《とんせい》して信濃（長野県）善光寺に奔った時宗の連署塩田（北条）義政であり、ヤケクソになった例に酒浸りとなった時宗の息子貞時がある。そして逃げもせずヤケにもならなかった時宗は神懸かったのである。

時宗は自己を「スターリン（鋼鉄の人）」であらねばならぬと考え、「スターリン」であり続けようとした。その時宗が自己の権威の源泉、そして心の拠り所としたのは、会ったこともない高祖父義時の神話であった。この場合、「神話」は、「虚像」と言い替えることができる。

代償と最期

すべてを棄てた理由は

出家と遁世は、現代ではゴッチャにされていることが多いが、中世では意味が異なる。簡単に説明すると、出家は真言宗・天台宗など古代以来の既成仏教の宗派の僧となることであり、遁世は念仏宗・禅宗・時宗《じしゅう》など当時の新興宗派の僧となることであった。当時、既成仏教は第二の俗界とも言うべき状態にあったから、そこからも離れた遁世者は、すなわち世捨て人であった。遁世とは、それまで築いたキャリアをすべて棄てることを意味したのである。

たとえば、時宗の義兄（妻の兄）である安達時盛《ときもり》は、弘長三年（一二六三）十一月二十二日、二十三歳の若さで出家し、法名道供を称していたが、二十六歳の文永三年（一二六六）七月には東使（幕府から王朝に派遣される使者。評定・引付衆クラスの人物が選ばれた）となり、翌年十一月には評定衆に就任している。幕府での活動は俗人と変わらない。

その時盛が建治二年（一二七六）九月、三十六歳で突如、遁世し鎌倉扇ケ谷《おうぎがやつ》の亀谷山寿福寺《きこくざんじゅふくじ》に入る。時盛の遁世は幕府、すなわち時宗の許可を受けていなかったため、同月十五日、時盛は所帯没収処分を受けた。そして、九年後の弘安八年（一二八五）六月十日、時盛が高野山に没した時、泰盛以下の兄弟は義絶のゆえ、服喪することすらなかったのである。

時盛遁世の翌年、時盛の事件よりもはるかに重大な遁世事件が発生する。連署塩田義政の遁世である。

義政は北条重時の子で、時宗には叔父（母の弟）にあたる。時頼の連署重時の子として、十八歳で左近将監に任官するのと同時に叙爵、二十四歳で引付衆、二十六歳で評定衆、二十八歳で三番引付頭人、二十九歳で駿河守となっているので、北条氏のエリートと言える。そして義政は文永十年（一二七三）六月八日、北条政村の連署辞職・卒去を受けて、三番引付頭人から連署に就任した。翌七月一日には武蔵守に任官する。幕政上の第二位の地位に昇ったのである。

重時の系統を、彼が建立した鎌倉の霊鷲山極楽寺《りようじゆざんごくらくじ》から極楽寺流北条氏と呼ぶが、連署就任時点で兄赤橋長時・常葉《ときわ》時茂は没していたので、義政は三十二歳にして執権時宗の母の実家極楽寺流北条氏の家長の地位にあった。

その義政がわずか四年後の建治三年（一二七七）四月四日、病を理由に連署を辞し出家を遂げた。当時、義政は三十六歳であり、政村の没年齢が六十九歳であることからも、その若さが理解されよう。

そして出家の翌五月、義政は遁世。鎌倉から逐電して信濃の定額山善光寺《じようがくざんぜんこうじ》に奔《はし》ったのである。義政の出奔が発覚したのは、六月二日。この日まで塩田家中の人々すら義政の遁世を知らず、内外、仰天の事態となる。五日、時宗は思い止まらせようと使者を派遣した。しかし、義政は翻意せず、結局、六月に前年の安達時盛と同じく所帯没収の処分となった。その後、義政は弘安四年（一二八一）十一月二十七日四十歳で没するまでの日々を所領である信濃国塩田荘で過ごすのである。

処分の前にまず使者を送っていること、所帯没収といっても苗字の地である塩田荘は没収しなかったことから、時宗が義政の遁世に終始、寛大な態度で臨んだことは明らかである。

それでも義政は鎌倉に戻ることはなかった。

偽文書の伝えた恐怖

安達時盛も塩田義政も突然の遁世の理由はわからない。しかし、当時の時宗政権中枢の様子をビビッドに伝えているとされてきた一通の古文書が存在する。『賜蘆《しろ》文庫《ぶんこ》文書《もんじょ》』所収の弘安八年（一二八五）十二月二十一日付「金沢《かねさわ》（北条）顕時書状案」（案は写、つまりコピーのこと）である。この書状（手紙）は、時宗卒去の一年半後に勃発した鎌倉幕府史上最大の内戦「霜月騒動」で、滅亡した安達泰盛に縁座（泰盛の娘が顕時の正妻）し下総国埴生《はにゅうの》荘《しょう》に配流されることになった顕時が、出立《しゅったつ》の前日に氏寺金沢山称名寺《きんたくざんしょうみょうじ》の住持に宛てたものである（とされていた）。顕時は騒動時点で四番引付頭人であるから、幕府最高幹部の一人である。

この中で顕時は二月騒動から霜月騒動に至る十三年について「およそこの十余年の式、ただ薄氷を踏むがごときにさうらひき（この十余年の世相は、いつ割れるかわからない薄い氷を踏んで歩くようなものでした）」と記している（ことになっていた）。

右の一文が非常に印象的であるため、以前は時宗政権や霜月騒動について触れた概説書などでは、この書状がよく引用されていた。ところが、現在では、寺領についての訴訟に関連して称名寺関係者によって永和年間（一三七五〜七九）頃に作成された偽文書《ぎもんじょ》（ニセもの）であることが明らかにされている。バレたのは昭和六十二年（一九八七）なので、六百年以上見破られなかったことになる。偽文書の大傑作である。

偽文書なのであるから、この書状から時宗政権の様子を知ることはできないという意見も当然あろう。だが、私はこの文書が作成されたこと自体が、時宗政権が異常な緊張状態にあったこと、二月騒動が霜月騒動と並ぶ衝撃的な事件であったことが、百年以上後にまで記憶されていたことを示していると言えると思うのである。

「薄氷を踏むがごとき」状勢の要因は霜月騒動で爆発する幕政中枢での派閥対立・抗争と解釈されることが多いが、それらを越えて時宗への恐怖があったのではないだろうか。

また、第三章の初めに触れたように、時宗の叔父（時頼の弟）時定は、文永の役に際し時輔と共に攻め上って来るとの噂が京都で流れた。彼は建長七年（一二五五）に肥後国（熊本県）阿蘇に下向しているのだが、『野津本北条系図』は「肥後国安曾（阿蘇）郡に配流、配所に年序を送りおはんぬ（配所で長年を過ごした）」と記しており、これによれば時定の肥後下向は流罪であったことになる。だが、『吾妻鏡』などの他の史料では確認が取れず、後には肥前（佐賀県・長崎県）守護となっているのであるから、時定の流罪が史実である可能性は低いと考えられる。しかし、文永の役における噂からしても、時定の流罪は事実でないにもかかわらず、流罪と囁かれたのではないか。その根拠は、時宗の強権的な政治姿勢が生んだものではなかったか。

時盛・義政の遁世は、「逆らう者は誰でも殺す」という時宗への消極的な抵抗、あるいは時宗からの逃避であったと考えられる。

誠実な独裁者

義政の遁世以後、時宗は弘安六年（一二八三）四月十六日に義政の弟普恩寺《ふおんじ》（北条）業時《なりとき》を任命するまで連署を置かず、六年にわたって執権単独の体制を敷く。

兄すらも容赦なく殺す権力者を恐れ、へつらう者はあっても、誰が彼を心から信頼しようか――誰よりも時宗自身がそう思っていたのではないか。独裁者は孤独であった。

そんな時宗が弟宗政の子師時、同じく宗頼の子兼時と宗方の三人を猶子（子供待遇）とし、宗政の娘をただ一人の息子貞時の正妻に選んでいる。

貞時と宗政娘の婚姻時期は不明であるが、貞時は時宗と同じ七歳で元服しているので、婚姻も時宗と同じ十一歳と仮定すれば、それは弘安四年（一二八一）、時宗三十一歳の時となる。弘安の役の年であるこの年、師時は七歳・兼時は十八歳・宗方は四歳。宗政娘の年齢はわからない。そして三年後、時宗は卒去する。

二十二歳で兄を殺し独裁者となった人間が、最後にすがり、信じ、将来を託そうとしたのは、息子と甥と姪であった。

時宗の人生は、十一歳の時、将軍の面前で小笠懸に挑んだ姿に凝縮されていると言えよう。課せられた役割を真摯に努めようとする人であり続けた時宗は、いわば「誠実な独裁者」であった。

弘安の役を退けた三年後、弘安七年四月四日、時宗は三十四歳で没した。蒙古帝国との戦いに生命を燃焼させた過労死とも戦死とも言うべき最期であった。
「誠実な独裁者」は戦うべき戦いを戦い終えると、足早に去って行ったのである。

やり残したこと

すべての武士を幕府の下へ

時宗の没後、彼の権力を代行することとなったのは、時宗の諮問機関であった寄合であった。特に時宗の外戚で嫡子貞時の伯父でもある安達泰盛と時宗の家令（得宗家公文所執事）であり貞時には乳母夫でもある平頼綱《たいらのよりつな》が二大実力者となった。まず、主導権を握ったのは、泰盛である。

時宗卒去の二ヵ月半後、弘安七年五月二十日（弘安七年には閏四月がある）、現在「弘安新御式目」と呼ばれている三十八ヵ条からなる法令群（追加法四九一〜五二八条）が発布された。三十八ヵ条は、前半十八ヵ条が得宗貞時、後半二十ヵ条が将軍惟康を、各々奏上対象とするという幕府追加法として極めて特異な形式であるが、この「弘安新御式目」発布から翌八年十一月十七日の霜月騒動までの一年半の間おこなわれたのが、「弘安徳政」と呼ばれる一大幕政改革である。

一年半で発布された追加法は「弘安新御式目」を含めて百余ヵ条。この鎌倉幕府史上最大規模の幕政改革の内容は多岐にわたるが、その究極の目標は、それまで正式には幕府の支配下になかった本所一円地住人（非御家人）を新たに御家人として幕府に取り込むことであった。つまり、全武士階級を幕府の支配下に組み入れ、もって幕府を真の全国政権へと成長させようとしたのである。

「弘安新御式目」第二十四条（後半第六条）「鎮西名主職安堵令」、

一、鎮西九国名主、御下文を成さるべきの事（鎮西九国の名主に将軍家御下文をお与えください）。

これは三ヵ月半後の弘安七年九月十日付追加法五六二条によって、詳細が決定される。

一、名主職の事　条々、
父祖・其身、御家人役を勤仕するの条、守護人の状等を帯さば、安堵すべし。ただし凡下の輩においては、沙汰に及ばず（先祖または本人が御家人の務めを果たしたことが、守護の発給した文書などで証明されるのであれば、その人を御家人として認める。ただし、武士ではない庶民については、この法令は適用されない）。

将軍家御下文を与える・安堵するということは、御家人として認定することを意味する。また、凡下（庶民）は除くというのであるから、ここに見える名主（小規模領主）は、武士のである。

身分としか考えられない。よって、この法令は非御家人を御家人とすることを定めたものな「鎮西名主職安堵令」は、鎮西（九州）の名主のみを対象としている。だが、この法令が時宗期に蒙古防衛に動員されるようになった西国の本所一円地住人を、幕府の中でどのように位置づけるかに対する答であることは明らかである。幕府は、いずれ武士階級すべてを支配下に置くという方向を示したのである。

これは、鎌倉幕府の根幹に関わる極めて過激な政策であった。ゆえに、既得権の侵害を恐れた守旧派は、平頼綱を中心に結集し、泰盛ら改革派に対抗した。

両派の対立は、弘安八年十一月十七日、全面的な軍事衝突となる。

潰えた遺志

「霜月騒動（十一月事件・十一月戦争）」（『保暦間記』）と呼ばれるこの事件は、直接史料が極めて少なく詳細がよくわからないのであるが、犠牲者は幕府高官や守護級の豪族を多数含む五百人以上、和田合戦と同じく将軍御所が炎上していることからしても、義時期の和田合戦、時頼期の宝治合戦と同様、正規軍同士が正面衝突した内戦であったとしか考えられない。そして弘安徳政は、この戦乱によって主導者安達泰盛とともに葬られたのである。

ところで、時宗没後に実行された弘安徳政が、安達泰盛の主導によることは、定説のとおりであろう。しかし、徳政の開始は時宗卒去の二ヵ月半後なのであるから、この大改革が時宗の没後に法事などの諸儀式を含めた時宗卒去の事後処置と平行して、初めて企画・立案されたとすることは、日数的にも考え難い。

また、時宗没後の立案とすれば、徳政は泰盛とその一派のみによって計画されたことになる。だが、そうであったならば、平頼綱ら非常に強力な反対勢力が存在する状況下で、徳政が、あれほどの短期間に、あれほどの規模で実行されることがあったであろうか。徳政の実行には、頼綱らをともかく黙らせる大義名分があったと考えられる。つまり、徳政は、時宗の生前に企画・準備され、実行に移す段階に至っていたと推定されるのである。

そして時宗の在世中の権力集中の程度からして、弘安徳政は、誰でもなく時宗自身によって企図されたものであり、源氏将軍を擁する得宗の手によって実行されるはずであったのだろう。

源頼朝の後継者たる鎌倉将軍と北条義時の後継者たる北条氏得宗が全武士階級の上に君臨する。

これが時宗の構想していた鎌倉幕府の未来図であったと考えられる。

弘安徳政が時宗の遺志であることが明らかであったからこそ、徳政が実行されることに、とりあえず頼綱らも異を唱えなかったのではないか。霜月騒動における頼綱らの泰盛打倒の根拠は、頼綱らの立場から見て時宗の遺志がねじ曲げられたという点にあり、霜月騒動は時宗の政治的遺産の争奪戦であったのである。

時宗の早世により、真の主を欠いたまま実行された弘安徳政は、一年半にして挫折する。弘安徳政を否定した頼綱らも時宗政権の継承を掲げ、二年弱にわたって彼らなりの政治改革を実行している。この頼綱の政権下に、源惟康は右近衛大将に任官し、源頼朝は完全に復活を遂げた。しかし、その直後に時宗の敷いた路線は放棄され、右近衛大将源惟康はわずか四ヵ月足らずにして終わる。惟康は右近衛大将辞任の直後に親王宣下を受け、鎌倉将軍は再び親王となり、そのまま鎌倉滅亡を迎える。

そしてそもそも、惟康が右近衛大将となった時、時宗はすでにこの世の人ではなかった。実は義時が頼朝の下では執権ではなかったように、これは歴史の皮肉と言えよう。

第五章　カリスマ去って後

平頼綱の政治

弘安七年（一二八四）七月七日、時宗卒去の四ヵ月後、弘安徳政の開始の一ヵ月半後、時宗の嫡子貞時は十四歳で即座に執権に就任した。時宗が十四歳でまず連署に就任し、十八歳で執権に昇ったことと比べると、その形式主義・家格偏重主義がよくわかる。しかし、絶対的な権力者であった時宗の急逝に直面した幕府は、それによる動揺を抑えるため、取り敢えず形だけでも整えようとしたと考えられる。

だが、現実として貞時が時宗に代わり得ようはずがない。だからこそ、寄合が時宗の権力を代行することとなったのである。

この寄合で主導権を握った安達泰盛が時宗の遺志を継ぎ、弘安徳政を実行したことは、すでに述べた。しかし、弘安徳政の進行中、泰盛とそのライバル平頼綱は、貞時にお互いを讒言しあったという（『保暦間記』）。前述したように、貞時にとって泰盛は外伯父、頼綱は乳母夫、つまり育ての父である。最も頼るべき二人の大人の口から出るお互いの悪口を、霜月騒動時点で満年齢ではまだ十四歳になっていなかった今なら中学二年生の貞時は、どのような思いで聞いていたのだろうか。そして霜月騒動は、貞時による泰盛討伐という形で断行されるのである。

騒動で政敵泰盛と弘安徳政を葬った平頼綱は、幼主貞時を擁して幕府の実権を握った。最初の二年間、頼綱も時宗の遺志を継ぐ形で彼なりの幕政改革をおこなっている。それを明示するのは、弘安十年（一二八七）六月五日の将軍源惟康の右近衛大将任官である。

しかし、頼綱には時宗や泰盛のような幕府の未来についてのビジョンがなかった。そして霜月騒動において頼綱と共に泰盛を倒した人々は、反泰盛の一点で結集したのである。

頼綱は騒動後二年にして自身の権力基盤の強化に走る。右近衛大将任官のわずか四ヵ月足らず後、弘安十年九月二十六日の惟康の大将辞任、これに続く十月四日の親王宣下は、頼綱が王朝権威を背負おうとした結果である。

以後の五年余を、頼綱は王朝の権威を自己の権力基盤強化のために利用し尽くして過ごす。臣籍降下した皇孫への親王宣下は空前絶後の事態であったが、頼綱はこれを王朝に強制したのであった。

しかも惟康立親王直後の十月二十一日、かつて時宗の尽力により皇太子となった後深草の皇子煕仁親王が天皇（伏見天皇）となった。これも頼綱の強制によるものであったが、ここに天皇家は後深草系持明院統と亀山系大覚寺統の二家に完全に分裂したのである。

頼綱は、自身の権力基盤強化という矮小な目的のために皇統への介入という伝家の宝刀まで振り回したのであった。

そして正応二年（一二八九）九月、惟康は将軍を辞して上洛。替わって第八代鎌倉将軍となったのは、後深草の皇子（伏見の弟）久明親王であった。頼綱は大覚寺統に比して劣勢であった持明院統を露骨にバック・アップしたのである。

その頼綱の専権下、正応二年五月、北条時村（政村の嫡子）が寄合衆に「補任《ぶにん》」（任命）されている。これはそれまで非制度的な存在だった寄合衆が評定衆や引付衆などと同じ幕府の正式な役職となっていたことを意味する。時宗の諮問機関だった寄合は、ここに幕府の公的機関となったのである。寄合は評定からその核心部分を奪い、評定に替わって幕府の最高議決機関となった。

貞時の幕政改革

頼綱は、永仁元年（一二九三）四月二十二日、二十三歳に成長した主人貞時の命によって討たれる（平禅門の乱）。

それが実際には頼綱のなしたことではあっても、貞時は十五歳で安達泰盛の討伐を命じた。そして、ここに頼綱をも倒した。かつて父時宗を補佐し、貞時にとっても最も身近であった二人を殺害して、貞時は権力を掌中にした。平禅門の乱決行の時の貞時は、二月騒動決行時の時宗とほぼ同年齢である。

頼綱を滅ぼした貞時は猛然と幕政改革に乗り出す。乱の半年後の十月二十日には引付を廃し、幕府に持ち込まれた訴訟（裁判）をすべて自身で裁決することとした。ここに貞時の幕政主導に対する尋常ではない意欲を見出すことができよう。しかし、これは一人の人間の処理能力を越えており、一年後の永仁二年十月二十四日に引付は復活した。それでも「重事においては、なほ直に聴断」(『鎌倉年代記』永仁三年条。二年の記事が三年に誤記されている)と、貞時はなおも訴訟の直断に意欲を示している。

十四歳まで父の姿を見て来た貞時は、父と同じく「将軍権力代行者」として幕政に取り組もうとしたのである。そのために貞時が目指したのは、得宗一門による専制政治体制であった。それは、時宗が準備していたことである。

貞時の三人の従兄弟、宗政の子師時と宗頼の子兼時・宗方は、時宗の猶子(子供待遇)とされており、すなわち貞時・師時・兼時・宗方の四人が「兄弟」であったことは、すでに述べた。そして貞時の正妻は師時の姉妹であったことも前述のとおりである。

兼時は永仁三年九月十九日に三十二歳で没したが、師時・宗方は貞時の後援によって幕府中枢でキャリアを積んでゆく。

独裁者の挫折とその後

幕府の政治制度改革においては、貞時は時宗よりもむしろ多くのことをおこなっている。貞時期を得宗専制の最盛期とする評価がある由縁である。しかし、貞時の独裁は表面的なことであった。実は改革は幕府支配層の抵抗によって順調には進まなかったのである。

評定衆・引付衆など幕府中枢の役職には、時宗期から就任する家柄が固定化するようになっており、各家の間には就任できる役職の高下によって、家格秩序(家柄のランキング)まで生まれていたのである。

そもそも時宗の権力基盤の一つは、北条氏惣領家という得宗家の家格にあったし、彼の権力は支配層によって育成された面があった。そして時宗は評定―引付を基軸とする幕府の政治・訴訟制度の上に乗って権力を行使していた。

しかし、時宗は幕府の制度・先例・家格秩序を越えた存在であり、思うがままに権力を振るった。支配層からしてみれば、彼らが育てたはずの時宗が彼らの制御できないとてつもない怪物になってしまったと言えよう。

時宗のごとき権力者たらんとした貞時に、支配層は先例や伝統を盾に立ちはだかったのである。「将軍権力代行者」であり幕府の独裁者であるはずの貞時の改革は支配層の抵抗に悩みながら進められ、貞時は結局、支配層との権力闘争に明け暮れてしまうこととなる。それは幕府中枢というコップの中の嵐に過ぎなかった。

それでも師時・宗方は幕府役職の階梯を登り、師時は正安三年（一三〇一）八月二十二日、二十七歳にして貞時の譲りを受けて執権に就任。宗方は嘉元二年（一三〇四）十二月七日、やはり二十七歳で幕府の軍事権を握る侍所所司と得宗家公文所のトップである執事に就任した。ここに貞時は執権師時と幕府侍所所司・得宗家公文所執事宗方を左右の腕とし、幕府と得宗家の政治・訴訟・軍事は得宗一門三名の掌握するところとなった。得宗専制ならぬ、得宗家専制体制の成立と言えよう。

だが、それでも支配層の抵抗は止まず、事態を一気に打開しようとした貞時は、嘉元三年四月二十三日、宗方に命じて支配層の長老である連署北条時村を攻め滅ぼさせた。実力行使によって支配層を屈服させようとしたのである。

ところが、時村殺害に支配層は激しく反発した。貞時は自分の時村討伐命令は「僻事（ウソ）」であるとして討手の大将十一名を処刑し、収拾を計った。しかし、支配層は納得せず、五月四日、ついに貞時は責任を宗方に押し付け、宗方討伐を命じたのである。片腕とも頼む宗方を切り捨てざるを得なかった貞時は、支配層に敗北したのである。

この嘉元の乱によって、得宗家専制体制はわずか五ヵ月で崩壊し、平禅門の乱以来、十二年に及ぶ貞時の努力は、すべて水泡に帰した。

貞時は応長《おうちょう》元年（一三一一）十月二十六日四十一歳で卒去するまで、なお六年を生きるが、この間の「将軍権力代行者」は寄合にも評定にも出席することなく、酒浸りの日々を送る。引付を廃し山積する訴訟をすべて自身で裁決しようとしたかつての姿は、最早なかった。

そして「挫折した独裁者」貞時の跡を継ぐのは、貞時卒去の時たった九歳、物心ついた時にはすでに自暴自棄だった父だけを見て育った最後の得宗、高時である。

高時政権の最高実力者となったのは、かつて高時の祖父時宗を支えた安達泰盛の弟の孫安達時顕と平頼綱の従兄弟の子長崎円喜である。時顕の娘が高時の正妻となっていることでわかるとおり、その体制は時宗政権の姿に酷似している。また、高時の官職歴は、時宗のそれのほとんどトレースである。高時期の幕府支配層が時宗の時代を理想の時代、先例としていたことは明らかである。

しかし、高時政権の実態は時宗政権とは似て非なるものであった。「将軍権力代行者」「副将軍」であるはずの高時には何の実権もなかった。支配層は、時宗が嫡子貞時の正妻に同母弟宗政の娘（早世か）を選んでいた事実を無視した。高時政権期の幕府支配層は時宗の時代を先例としながら、時宗を裏切っているのである。支配層にとっての先例とは、過去から彼らにとって都合が良い事実だけを選び取ったものであった。

時宗没後の半世紀、鎌倉幕府は迷走と混乱の果てに停滞に至った。『太平記』巻五「相模入道弄田楽幷闘犬事」に描かれた妖怪と酔舞する最後の得宗高時の姿は、末期鎌倉幕府に対する世人の評価を人格化したものである。高時政権は「不徳」の政権として非難されているのである。

闘犬と田楽《でんがく》踊りが大好きな酔っぱらい、「歌って踊れる副将軍」を戴いた最末期の鎌倉幕府は、先祖たちがそれぞれの人生を懸けて築いた論理も理想も見失い、元弘三年（一三三三）五月二十二日、日本中の武士たちの総攻撃を受けた果てに滅亡するのである。

おわりに——胎蔵せしもの

先祖の系譜すら明らかでない伊豆の土豪的武士団北条氏は、婿《むこ》にとった流人源頼朝が鎌倉幕府の創始者となったことから、武家政権の権力の座を目指すレースへの参加資格を得た。北条氏の庶子義時は気づいた時には戦いの渦中に身を置いていた。頼朝没後に始まる熾烈な御家人間抗争は剝き出しの権力闘争以外の何物でもなく、義時は次から次へと押し寄せる災難を振り払うため、戦い続けた。結果として義時は勝利を重ね、義時の地位は押し上げられていった。父や義母すらも駆逐し、多くの人々を殺し、義時はこの抗争の勝利者となった。その果てにあったのが、承久の乱の勝利である。

追討宣旨を蒙りながら勝利した義時は、後鳥羽以下三上皇を配流し天皇を廃位するという空前絶後の処置を断行する。これもまた現実の権力闘争の帰結であった。だが、この結末は、義時に源頼朝と並ぶ武家政権の創始者という評価を与え、義時の武内宿禰再誕伝説という神話を生んだ。そして、この神話は、義時の直系である北条氏得宗を鎌倉幕府の支配者たらしむる正統性の源泉となった。

また、頼朝没後の内部抗争は、源氏将軍家断絶という結末をもたらした。これによって、鎌倉将軍が一つの家で世襲される道は永遠に閉ざされ、将軍家を源氏から摂関家藤原氏、そして皇族へと変遷させることとなった。それは将軍に代わって幕府の政務を執る執権という役職を生み出し、将軍と執権は幕府の権力をめぐって対立を繰り返した。やがて執権を世襲する北条氏の家督「得宗」が、将軍を装飾的存在に祀《まつ》り上げ、幕府の実権を握るに至る。「将軍が存在しながら、北条氏得宗が権力を握っている」というわかりにくい政治体制は、煎じ詰めれば頼朝没後の内部抗争に始まる混乱と迷走の挙げ句に、なし崩しに出来上がったものである。

この奇妙な政治体制が論理化され、正統性を完全に付与されたのは、義時の玄孫時宗の時代である。時宗は、生まれながらの得宗なるがゆえに、蒙古帝国と対峙する運命を背負った。父祖が築き上げてきた得宗への権力集中を成し遂げ、「将軍権力代行者」となった時宗は、自身の権力を保証し、自己の必勝を確信させてくれる拠り所となる論理を求め、鎌倉幕府の歴史をあらためて整理し、論理化（ツジツマ合わせ）した。すなわち、

①鎌倉将軍は、武家政権創始者源頼朝の後継者である。
②北条氏得宗は、八幡神の加護を受けし武内宿禰の再誕北条義時の後継者である。
③義時の後継者である北条氏得宗は、鎌倉将軍の「御後見」として鎌倉幕府と天下を支配する。

この論理によって、北条氏得宗は、将軍の下での鎌倉幕府支配の正統性を獲得したのであった。それは神話の時代以来の伝統を持つ「御後見」の執政であった。そして、この論理を

具現化したものこそ、将軍源惟康—得宗北条時宗の体制であった。
「北条氏は、なぜ将軍にならなかったのか？」という本書の問いに、あらためて答えれば、北条氏得宗は鎌倉将軍の「御後見」なのであり、自ら将軍になる必要もなく、また、なりたくもなかったのである。

だが、時宗において完成され頂点に達した得宗権力は、時宗自身の卒去と同時に形骸化の道を歩み出し、以後の鎌倉幕府は迷走と混乱の果てに沈滞に陥り、瓦解の時を迎えた。

ある政治権力を打倒しようとする者は、その政治権力の拠って立つ正統性の論理そのものを否定するか、政治権力が変質し正統性の論理から逸脱した存在となった点を攻撃する。後醍醐天皇は前者の立場にあり、得宗権力の論理そのものを否定して、

関東は戎夷也。天下管領しかるべからず（鎌倉幕府はケダモノだ。天下を支配するなど、とんでもない）（『花園天皇宸記』元亨四年〈一三二四〉十一月十四日条）。

と言い放ち、後醍醐の皇子護良親王は最後の得宗北条高時を、

伊豆国在庁時政子孫高時法師（伊豆国の地方役人に過ぎなかった北条時政の子孫である高時坊主）（元弘三年〈一三三三〉四月一日付「護良親王令旨」〈『熊谷家文書』〉）。

と糾弾した。

これに対し、足利氏は得宗を「先代」として認め、末期鎌倉幕府の変質を攻撃して、

近くは義時・泰時父子の行状《ぎょうじょう》をもって、近代《きんだい》の師となし（義時・泰時父子のおこないをもって、近い時代の先生としよう）（『建武式目』）。

と、あるべき鎌倉幕府の復活を標榜《ひょうぼう》した。

これらは挑戦する側の論理と評価であり、相対的に理解すればよい。

八幡神・応神天皇・武内宿禰など、日本神話に起源を求める得宗権力の論理は、しょせん王朝の論理の亜流に過ぎない。事実のうえでも、鎌倉幕府は時宗没後四十九年にして滅亡し、その後継を自認した室町幕府が政権所在地として京都を選び、足利氏自身が将軍となったことにより、得宗権力の論理はストレートに引き継がれることはなかった。しかし、頼朝と義時、特に帝王を倒した義時に、神格化ともいうべき権威を付与した得宗権力の論理は、王朝からの思想的自立の方向性をたしかに胎蔵《たいぞう》していたと言うことができる。

『建武式目』は頼朝と共に義時を武家政権創始者として讃えている。将軍足利尊氏の下で同母弟直義《ただよし》が政務をとった草創期室町幕府の、世に言う「二頭政治」は、頼朝と義時、惟康と時宗の関係を想起すれば、まさにあるべき鎌倉幕府の復活であったとも言えよう。そう言えば、頼朝にとって義時は（義理ではあるが）弟であり、足利兄弟は紛れもなく義時の子孫で

あった。

鎌倉幕府の歴史は、迷走と混乱の連続であった。政権運営の知識も経験もなかった東国武士たちが作った鎌倉幕府は、王朝以外に手本らしい手本を持たず、試行錯誤を繰り返した。その手探りの中で、呆れるほど多くの血がムダに流されていった。

「こんな時代に生まれなくて良かった」

と安堵する人もいることだろう。しかし、義時・時宗をはじめ「こんな時代」に生まれてしまい、それゆえ野蛮で無知だった人々は、それでも今日《きょう》より良い明日《あした》を築こうと、文字通りの悪戦苦闘を続けたのである。

参考文献

※本書は拙著『鎌倉北条氏の神話と歴史』（日本史史料研究会、二〇〇七年）第一・三・四章を原型としたものであり、詳しくはこの拙著を参照していただくこととし、ここでは近年の研究成果を中心に主なものを掲げる。

青山幹哉「鎌倉将軍の三つの姓」『年報中世史研究』一三、一九八八年
秋山哲雄『北条氏権力と都市鎌倉』吉川弘文館、二〇〇六年
伊藤一美「弘安四年四月「異国降伏祈禱記」の歴史的意義」『鎌倉』九一、二〇〇〇年
岡田清一『鎌倉幕府と東国』続群書類従完成会、二〇〇六年
奥富敬之『鎌倉北條氏の基礎的研究』吉川弘文館、一九八〇年
奥富敬之『鎌倉北條一族』新人物往来社、一九八三年
奥富敬之『鎌倉北条氏の興亡』吉川弘文館、二〇〇三年
海津一朗「合戦の戦力数」『日本史研究』三八八、一九九四年
海津一朗「鎌倉後期の国家権力と悪党」悪党研究会編『悪党の中世』岩田書院、一九九八年
筧雅博「得宗・与奪・得宗方」網野善彦・笠松宏至・勝俣鎮夫・佐藤進一編『ことばの文化史［中世1］』平凡社、一九八八年
筧雅博『蒙古襲来と徳政令』講談社、二〇〇一年
川添昭二『北条時宗』吉川弘文館、二〇〇一年
金永「摂家将軍期における源氏将軍観と北条氏」『ヒストリア』一七四、二〇〇一年
久保木圭一「王朝貴族としての惟康親王」阿部猛編『中世政治史の研究』日本史史料研究会、二〇一〇年

小林一岳『元寇と南北朝の動乱』吉川弘文館、二〇〇九年
今野慶信「北条時輔の母」『段かづら』三・四合併号、二〇〇四年
今野慶信「讃岐局妙音の棟札」『段かづら』五、二〇〇五年
杉橋隆夫「牧の方の出身と政治的位置」上横手雅敬監修『古代・中世の政治と文化』思文閣出版、一九九四年
鈴木由美「北条貞時の妻」『段かづら』六、二〇〇八年
関周一「鎌倉時代の外交と朝幕関係」阿部猛編『中世政治史の研究』日本史史料研究会、二〇一〇年
高橋一樹「関東御教書の様式について」『鎌倉遺文研究』八、二〇〇一年
高橋典幸『鎌倉幕府軍制と御家人制』吉川弘文館、二〇〇八年
高橋秀樹「広橋家旧蔵「兼仲卿暦記　文永十一年」について」『国立歴史民俗博物館研究報告』七〇、一九九七年
永井晋「鎌倉幕府将軍家試論」『國史學』一七六、二〇〇二年
七海雅人『鎌倉幕府御家人制の展開』吉川弘文館、二〇〇一年
南基鶴『蒙古襲来と鎌倉幕府』臨川書店、一九九六年
野口実「「京武者」の東国進出とその本拠地について」京都女子大学宗教・文化研究所『研究紀要』一九、二〇〇六年
福島金治『安達泰盛と鎌倉幕府』有隣堂、二〇〇六年
福島金治『北条時宗と安達泰盛』山川出版社、二〇一〇年
北条氏研究会編『北条氏系譜人名辞典』新人物往来社、二〇〇一年
北条氏研究会編『北条時宗の時代』八木書店、二〇〇八年
細川重男『鎌倉政権得宗専制論』吉川弘文館、二〇〇〇年
細川重男「降臨の時」『ぶい＆ぶい』五、二〇〇八年
細川重男「「霜月騒動」再現」『ぶい＆ぶい』一七、二〇一一年

細川重男『鎌倉幕府の滅亡』吉川弘文館、二〇一一年
前田治幸「弘安七・八年の「相模四郎」について」『ぶい&ぶい』三、二〇〇八年
前田治幸「鎌倉幕府家格秩序における足利氏」阿部猛編『中世政治史の研究』日本史史料研究会、二〇一〇年
峰岸純夫『足利尊氏と直義』吉川弘文館、二〇〇九年
村井章介「執権政治の変質」『日本史研究』二六一、一九八四年
村井章介『北条時宗と蒙古襲来』日本放送出版協会、二〇〇一年
桃崎有一郎「鎌倉幕府の秩序形成における拝賀儀礼の活用と廃絶」阿部猛編『中世政治史の研究』日本史史料研究会、二〇一〇年
百瀬今朝雄「北条（金沢）顕時寄進状・同書状案について」同氏『弘安書札礼の研究』東京大学出版会、二〇〇〇年
森幸夫『六波羅探題の研究』続群書類従完成会、二〇〇五年
森幸夫『北条重時』吉川弘文館、二〇〇九年
森幸夫「得宗家嫡の仮名をめぐる小考察」阿部猛編『中世政治史の研究』日本史史料研究会、二〇一〇年
安田元久編『鎌倉将軍執権列伝』秋田書店、一九七四年
安田元久『北条義時』吉川弘文館、一九六一年
渡邊晴美「北条時宗の家督継承条件に関する一考察」上・下『政治経済史学』一一〇・一一一、一九七五年
渡邊晴美「得宗専制体制の成立過程」Ⅰ・Ⅱ・Ⅲ・Ⅳ『政治経済史学』一二五・一三九・一六二・一六五、一九七六年・七七年・七九年・八〇年
細川重男ホーム・ページ『日本中世史を楽しむ♪』（http://nihonshi.sakura.ne.jp/shigeo/index.html）

あとがき

難しいことはわかりやすく、
わかりやすいことは面白く、
面白いことは深く。

ギタリスト真島昌利氏の言葉です。

本書を読んで、
「鎌倉幕府、おもしろいじゃないか」
と思ってくれた方がいてくだされば、これに勝る幸いはありません。

平成二十三年一月二十八日

細川重男

文庫版あとがき

本書は講談社選書メチエの一冊として、二〇一一年三月に刊行された。このたび、講談社学術文庫に収めるにあたり、改題すると共に、一般的な歴史知識を中心に増補・改訂をほどこした。だが、メチエ版は一つの完成した作品と考えているので、基本的な内容・私見などは大きく改めていない。

あの地震の日、書店に並んだ本が、八年たったら文庫になった。人生には思いもよらないことが起きるものである。

令和元年七月四日

細川重男

ヤ・ラ・ワ

マ

タ

ナ

ハ

索引

ア

カ

サ

本書の原本は、二〇一一年三月、『北条氏と鎌倉幕府』として
講談社選書メチエより刊行されました。